déco
vivre

LE STYLE INDUSTRIEL

Geneviève Thomas
Photographies : Kim-Cúc

FLEURUS
www.editionsfleurus.com

25 56
MARDI
29 MARS

SOMMAIRE

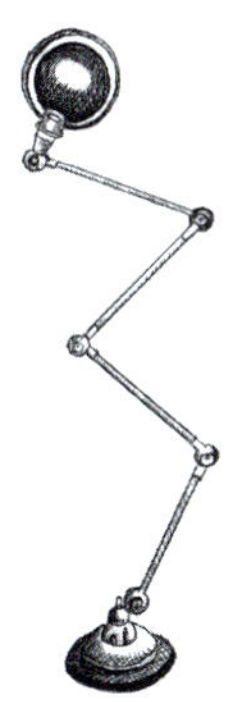
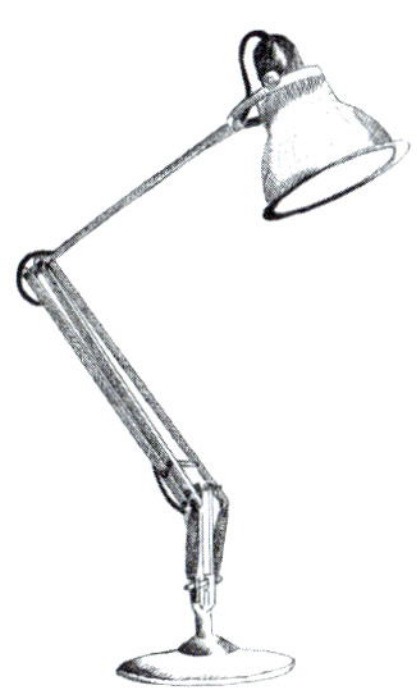

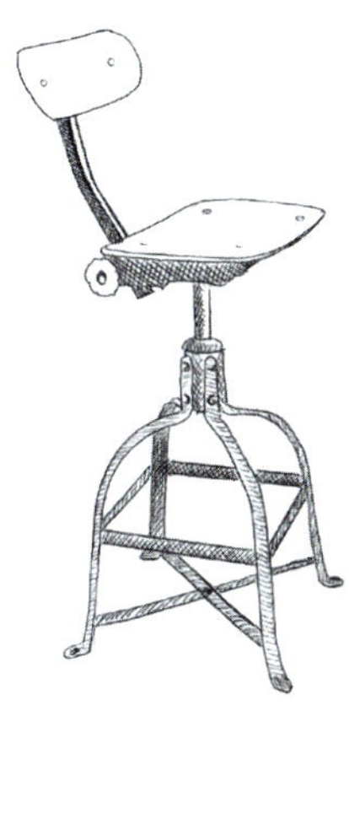

RENSEIGNEMENTS
FER

AVANT-PROPOS

Vous appréciez le bois, le métal, le béton...

... l'authenticité des matériaux bruts et leurs heureux accidents de texture ? Vous collectionnez les objets déroutants, les meubles pratiques et solides ? Vous cultivez les contrastes, raffolez de la nouveauté mais aimez surtout le chic intemporel d'une atmosphère élégante, simple et naturelle ?

Vous aimez le style industriel !

D'abord investies par des artistes en quête d'espaces de vie et de création, les friches industrielles sont aujourd'hui de plus en plus recherchées par tous ceux qui désirent concilier en un même lieu activités professionnelles et qualité de vie. Et pourtant, nul besoin de vivre dans une usine pour adopter ce mode de vie original ! Atypique, curieux et audacieux, le style industriel s'échappe du loft pour conquérir de nouveaux territoires aux dimensions plus humaines. Un aménagement évolutif qui fait corps avec la maison et révèle la personnalité de ses habitants en privilégiant confort et convivialité. Détournements d'usages et de matières, influences baroque, bohème, ethnique, récup' ou design : voici une déco pleine d'astuces, à la portée de tous et qui réconcilie toutes les envies, même les plus contradictoires !

Hors normes, hors mode

L'engouement pour le patrimoine architectural du XXe siècle est croissant, dans la mouvance de la nostalgie d'une époque où le mobilier était conçu pour durer et s'ennoblir avec la patine du temps. Robustesse et solidité pragmatique sont les atouts des objets les plus recherchés. L'usage déterminant la forme, ce style épuré proche du minimalisme contemporain conserve aussi le cachet de l'ancien. Revisités et détournés de leur fonction première, ces objets, autrefois mis au rebut, assument pleinement leur seconde vie en apportant une touche d'insolite et d'humour très expressive à un intérieur enfin décloisonné.

Un univers simple et sincère

Rudes d'aspect mais nobles par leur qualité, les matériaux utilisés pour aménager les locaux industriels ont fait leurs preuves. Leur facilité d'entretien et leur grande résistance compensent largement leur manque de sophistication. Ce sont des matériaux fiables, toujours beaux et sincères quand ils sont utilisés dans leur plus simple appareil, mais aussi très luxueux lorsqu'ils sont travaillés par des artisans d'exception. Une solution déco avantageuse et facile à mettre en œuvre lorsqu'on a l'opportunité d'investir un espace « brut de décoffrage ». Dans le cas d'une construction ancienne, on s'attache à tirer parti de l'existant. Pour révéler le caractère original et authentique du bâtiment, il sera nécessaire de le mettre à nu et de gratter sols et murs pour ôter tous les revêtements superflus.

DES MATÉRIAUX SINCÈRES

Le métal en force

Fer, cuivre, plomb, étain, mercure, argent, or

Si, depuis l'âge du fer, le métal tient une place de choix dans la destinée de l'homme, c'est au XIXe siècle qu'il s'impose comme le matériau emblématique du progrès. La fabrication de l'acier en grande quantité permet la révolution industrielle et marque le début de l'architecture métallique : le style industriel est né ! En France, Gustave Eiffel réalise les premiers ouvrages monumentaux en métal, le viaduc du Garabit et l'emblématique tour Eiffel. L'acier est symbole de force et de longévité, et c'est dans la construction à usage professionnel que cette matière exceptionnelle expose rapidement toutes ses qualités hors du commun. Les élégantes couvertures de verre et d'acier des gares et des usines signent le début d'une architecture moderne cherchant à concilier gigantisme et légèreté. Le mobilier urbain en métal remplace définitivement le bois, les chevaux des voitures sont désormais des chevaux-vapeur… Jusque-là travaillé dans les forges et les fonderies, le métal devient un matériau de haute technicité qui se développe très vite par l'usinage et grâce à l'invention de nouvelles techniques de protection comme la galvanisation, le nickelage ou le chromage.

▼ Forte et fragile à la fois, cette belle façade en acier s'anime des tons chauds d'une oxydation naturellement protectrice.

▲ **Sur les murs, les plaques de métal collées sur un support de bois sont maintenues par des rivets pop.**

Acier, fonte, zinc, aluminium, chrome, inox…

Le métal est déjà une source d'inspiration pour les créateurs du XXe siècle. Dans les années 1930, il devient le matériau indispensable du courant avant-gardiste, qui se passionne pour son caractère pratique et fonctionnel mais aussi pour son esthétisme à la fois luxueux et décontracté. Le Corbusier, Charlotte Perriand, et après-guerre le ferronnier d'art et architecte autodidacte Jean Prouvé, se concentrent sur l'esthétique du métal (voir p. 75 du cahier pratique). Avec l'avènement de la science-fiction, dans les années 1960, la mode et la décoration s'inspirent de la brillance futuriste du métal. Dans les années 1980, la reconversion réussie des friches industrielles en espaces de vie et de travail valorise les structures en métal qui signent dès lors le style loft. Aujourd'hui, malgré la flambée des cours mondiaux des métaux, rien ne semble empêcher son retour : du sol au plafond, le mobilier comme l'électroménager, la tendance métallique gagne du terrain.

▼ **Ces magnifiques armoires d'usine en métal sont les rescapées d'un patrimoine industriel aujourd'hui disparu.**

Révélez le métal

Le métal est l'essence même d'un décor d'inspiration industrielle. Il est très bon conducteur thermique et silencieux – sauf lorsqu'il vibre. Révélez aussi souvent que possible sa présence au cœur même du bâtiment :

- ▶ charpentes métalliques soulignées de noir ;
- ▶ poutres et piliers IPN délimitant un espace sans le cloisonner ;
- ▶ huisseries métalliques ouvrant de larges vues sur l'extérieur ou cloisonnant sans occulter ;
- ▶ lames d'acier verni, montées à bâtons rompus ou à la manière des parquets anciens ;
- ▶ escaliers, coursives et garde-corps en acier galvanisé ou réalisés sur mesure par des serruriers d'art, qui pourront associer le métal au bois, au verre ou au béton.

LOU DONALDSON
One More Wednesday

◄ ► **Détourné de la construction industrielle, le métal s'invite sur les plafonds en bac acier et les escaliers en tôle ajourée.**

Comme les pros

Pratique, résistant, économique et façonnable à loisir, le métal est un matériau très utilisé pour l'aménagement des locaux industriels mais il se prête aussi facilement à de judicieux détournements dans la maison. Les tôles d'acier, d'inox ou de zinc se plient pour recouvrir un plan de travail ou un plateau de table. Faciles à détourner, les escaliers de collectivité s'adaptent à différentes configurations. Au-dessus de nos têtes, les bacs en acier galvanisé, esthétiques et lumineux, servent également au coffrage des plafonds coulés en béton. Au sol, on osera aussi un dallage de tôle texturée, très utilisée dans la construction à usage professionnel. Spectaculaires et inattendues, les plaques de métal collées puis rivetées sur les murs en font des parois denses et protectrices, qui reflètent la lumière en douceur. Les portes en acier, les cloisons souples en cotte de maille et les parois de douche en zinc offrent aussi de magnifiques possibilités d'effets métalliques.

Créé sur mesure ou détourné, le métal est l'indispensable complice d'un style industriel domestiqué. Sa force pérenne s'associe harmonieusement à bon nombre d'autres matériaux, du plus brut au plus raffiné : béton, bois et verre sont ses meilleurs alliés.

Zones alimentaires : attention !

► L'alliage de plomb et d'étain des vieux « zincs » des comptoirs de bistrot est toxique. Il est donc à proscrire sur toutes les surfaces en contact avec les aliments, surtout laitiers.

► On optera plutôt pour un revêtement en inox brossé, en acier galvanisé, en aluminium ou en zinc.

Le béton en liberté

Brut de décoffrage

Soucieux d'aménager de grands espaces à petit prix, les habitants des usines reconverties ont été les premiers à tirer parti de la beauté massive et minérale du béton : résistant et malléable à souhait mais surtout très économique, il est utilisé pour la structure comme pour le revêtement. Le béton brut traditionnel s'expose dès lors sans complexes dans les lofts les plus élitistes et les plus luxueux. Parallèlement, il devient le matériau fétiche d'une architecture avant-gardiste qui a deviné son fort potentiel esthétique : la tendance béton est lancée ! Bénéficiant d'importantes innovations technologiques, le béton, autrefois mal aimé, est aujourd'hui le matériau emblématique d'un style contemporain, minimaliste et chic.

▲ **Peu salissant et facile à nettoyer, un sol en béton coloré apporte une pointe de fraîcheur et de gaieté à cette pièce à vivre.**

Le béton coloré

De faible coût et de mise en œuvre rapide, cette technique a été tout d'abord mise au point pour des usages industriels intensifs. Au moment du coulage, on saupoudre uniformément la surface fraîche du béton d'un durcisseur minéral, qui existe en plusieurs coloris personnalisables. Après la prise, un lissage à l'hélicoptère et le séchage, on protège le béton avec un mélange de cire et d'huiles naturelles ou par pulvérisation d'une résine polymère pour obtenir un résultat encore plus résistant aux impacts, aux chocs thermiques et à l'usure.

Béton de luxe

▶ Le matériau est bon marché, mais la mise en œuvre d'un béton décoratif peut se révéler très onéreuse car elle exige du temps et le savoir-faire d'un artisan expérimenté.

▶ Les kits de préparation proposés par les grandes surfaces de bricolage sont performants mais restent réservés aux bricoleurs avertis…

▲ Protégé par une lasure acrylique, le béton, cellulaire, ciré ou en parpaings, s'invite partout dans la salle de bains.

Le béton ciré

Premier pas vers la sophistication, le béton ciré est un ragréage velouté à la douceur incomparable. Teinté dans la masse, puis coulé frais dans des coffrages réalisés sur mesure, lissé, poncé avant d'être ciré et lustré mécaniquement, ce béton est un revêtement luxueux dont la mise en œuvre demande plusieurs journées. Pour les grandes surfaces, il est indispensable de prévoir des joints de dilatation, sous peine de voir apparaître d'importantes fissures, vraiment inconfortables et inesthétiques. Dans tous les cas, le recours à un professionnel est fortement conseillé.

Les enduits effet béton

Il existe aujourd'hui une très large gamme d'enduits de finition imitant le béton et parfaitement adaptés à une utilisation spécifique : sols, murs, salles de bains, cuisines... Malléables, légers, résistants mais surtout très esthétiques, ces nouveaux mortiers, ou « micro bétons », s'appliquent en couches fines (de 2 à 10 millimètres d'épaisseur). Ils peuvent être colorés à la demande avec des pigments, et différentes techniques de finition sont possibles pour obtenir un aspect lissé, griffé, strié, brossé, ciré, patiné ou mat, ou bien poli et brillant comme un miroir.
On peut aussi incruster des pierres, du bois, du verre ou du métal en les collant au support avant application de l'enduit. En combinant les effets de couleurs, d'impressions, de textures et de formes, ces bétons nouveaux, fins et légers, se personnalisent à l'infini...

◄ Le béton à ultrahaute performance permet de réaliser des ouvrages personnalisés, comme cette magnifique et monumentale baignoire ovale.

▲ Texturé à la meuleuse, ce béton naturel reflète deux tonalités de gris.

▲ Assorti au parquet, ce béton teinté dans la masse joue les prolongations.

▲ Appliqué sur le mur, cet enduit de finition imite la texture du béton.

Subterfuges

D'autres enduits à base de chaux donnent aux murs un bel effet aux couleurs naturelles de pierre.

▶ Doux et brillant, le **tadelakt** est un enduit de tradition marocaine, hydrofuge, à base de chaux et de savon noir et poli au galet. Il est principalement utilisé dans les hammams, mais ses qualités d'étanchéité et de douceur en font un revêtement idéal à l'extérieur comme à l'intérieur.

▶ Lisse et mat, le **stuc** se compose d'argile et de sable. Différentes techniques de finition, au savon noir, à la cire ou au lait de chaux, lui apportent un lissage velouté aux coloris de terre très naturels.

▶ Naturel et brut, le **pisé** est un mélange de sable, d'argile et de graviers battus par couches successives. Malgré son aspect naturellement rudimentaire, sa mise en œuvre exige un réel savoir-faire.

▶ Lumineuse et glacée, la **chaux ferrée** est une chaux grasse à laquelle on mélange de la poussière de marbre. Cet enduit proche du tadelakt est frotté à la spatule pour obtenir un éclat très particulier.

▼ Coulé sur place dans un coffrage, le béton hydrofugé dans la masse permet de réaliser sur mesure des aménagements robustes et très élégants dans la cuisine.

Le bois écologique

Le bois au naturel

Avec le bois, chaleureux et réconfortant, laissez la nature reprendre ses droits. C'est le matériau zen par excellence ! Sain et écologique, il apaise les sens et calme l'esprit. Son aspect organique réchauffe le métal et adoucit le béton : c'est la botte secrète des beaux intérieurs industriels. Renouvelable et économique, il ne cesse de s'embellir en vieillissant. Un ponçage franc le libère des épaisses couches de peinture, au profit si nécessaire d'un léger badigeon de chaux ou de caséine. On l'apprécie encore plus s'il est nu, brut et mat, usé, voire abîmé et blanchi par le temps : planchers, murs, plafonds, poutres, escaliers, têtes de lit, portes et cloisons, paravents, plans de travail dans la cuisine, meubles, sculptures en bois flotté... On l'aime aussi vivant, alors pourquoi ne pas accueillir un arbre sous son toit ?

▼ Massive et brute, cette table a été réalisée avec des poutres récupérées.

Massif ou aggloméré ?

Centenaires, les magnifiques parquets de chêne massif ont bien des choses à raconter ! Un investissement conséquent mais pérenne et judicieux pour valoriser une pièce principale. On les chinera chez les antiquaires du bâtiment spécialisés dans le recyclage des matériaux de construction anciens. Votre budget est serré ? Comme bon nombre de passionnés du style industriel, optez pour de très larges lames de bois premier prix, posées dans la longueur de la pièce.
Ce matériau est également idéal pour réaliser sans peine tout le mobilier intégré sur mesure : placards, étagères, bibliothèques... Très économique, il est facile à découper et demande peu de ponçage avant d'être peint ou protégé par un simple vernis mat qui permet de conserver son aspect original de papier kraft !

Avant de faire feu de tout bois

► Contrôler la provenance des bois exotiques en vérifiant qu'ils sont certifiés (labels FSC ou PEFC) et proviennent bien d'une exploitation forestière gérée de façon écologique et durable.

► Il existe des bois agglomérés plus sains et naturels que d'autres : vérifiez soigneusement les composants avant l'achat.

► Traitez le bois de récupération (portes, poutres et lambris) contre les parasites pour éviter les mauvaises surprises...

▲ Naturel ou peint dans une couleur claire, le bois apporte douceur et chaleur à cet ancien entrepôt reconverti en loft.

Bois clairs ou bois foncés ?

Jouez encore les contrastes ! Très claires ou carrément noires, les lasures laissent apparaître veines et nœuds qui rythment le sol de manière aléatoire. Un plancher clair et mat mettra parfaitement en valeur les meubles en acier foncés et vernis, tandis qu'un sol fumé et brillant révélera toutes les tonalités de blanc, de beige, de mastic et de gris. Pour éclairer un lambris en toute sobriété, on peut blanchir du bois de bardage en le badigeonnant avec un léger jus de chaux gris clair givré pour obtenir un bel effet de bois flotté.

Traités ou bruts ?

Les parquets bruts protégés par un vernis et les parquets anciens, décapés puis huilés, se nettoient avec une serpillière humide tout comme le bois rétifié, qui a subi un traitement thermique sans produits chimiques le dispensant de protection et lui conférant une résistance exceptionnelle. Toujours dans un souci d'économie et de respect écologique, on choisira les essences locales plutôt que des bois exotiques. Huilés, les parquets de hêtre, de frêne ou de pin maritime sont très élégants et se comportent aussi très bien dans une salle de bains.

◄ On inverse les rôles ! Le parquet est apparent au plafond, réveillant toutes les tonalités de gris déclinées dans le salon de lecture.

Pour encore plus de charme brut

► Pour un mur de lambris au charme irrégulier, rude et contemporain, fournissez-vous chez les distributeurs de matériaux de construction en lots de bois de coffrage. Les lames de différentes largeurs se posent au hasard sur des tasseaux, en laissant un peu d'espace entre les lames.

► Les planches de chantier, longues et très larges, simplement protégées par un vernis à bateau, feront de très élégants planchers bruts. Cette astuce est réservée aux amateurs de surfaces accidentées, car ce bois économique enregistre sans complexes toutes les marques de la vie quotidienne.

► Non traités, les planchers régulièrement nettoyés à l'eau de Javel restent clairs et vieillissent prématurément en prenant un joli aspect adouci et blanchi qui s'accorde parfaitement avec des meubles en métal verni mat ou oxydé.

▲ **Faciles et rapides à mettre en place, les plaques de bois fixées au mur présentent de larges veines qui adoucissent les lignes rigides du mobilier industriel.**

La brique voit rouge

Mise à nu

New York, Lille, Toulouse, Amsterdam… Une même passion architecturale pour la terre cuite, un matériau vieux de plus de cinq millénaires ! Harmonieuses et fortes en caractère, les briques sont naturellement écologiques car très isolantes contre la chaleur et le froid. Côté déco, elles étaient autrefois trop souvent masquées par du plâtre ou des enduits. Dans les pays du Nord, c'est encore une fois la culture loft qui va redonner du glamour à ce matériau populaire, emblématique des façades d'usines et des maisons d'ouvriers. Aujourd'hui, certaines briques de structure se passent d'isolation complémentaire. Apparentes, elles créent un fond de décor urbain élégant et très contemporain.

◄ ▼ Mini ou maxi, la brique possède un charme traditionnel qui contraste chaleureusement avec la rigueur du style industriel.

► Esprit brut ! Laissées dans le jus du chantier, ces briques tiennent tête à de robustes tabourets d'acier.

Des formes chaleureuses

Les nouvelles gammes de briques apparentes déclinent un large éventail de coloris, de textures et de tailles. Rigoureuses et mécaniques, ou irrégulières et façonnées à la main, elles offrent de nombreux reliefs et des teintes étonnantes, du blanc le plus pur au noir graphite le plus dense. Unies ou flammées, les couleurs naturelles des briques dépendent de la qualité de l'argile, du sable utilisé et du temps de cuisson. Il ne vous reste plus qu'à choisir entre ces teintes douces qui se patinent merveilleusement avec le temps : beige, miel, coquelicot, caramel ou ocre profond. Un large choix de tailles permet aussi de jouer sur les effets : nostalgiques, les petites briques rouges et rectangulaires des bâtiments industriels d'autrefois, ou plus surprenantes les briques XXL de 60 centimètres de long. À l'extérieur, les pavés rectangulaires ou carrés sont résistants, économiques et faciles à mettre en œuvre sur un lit de sable ou scellés.

► En grattant un mur, les propriétaires de cette ancienne usine ont découvert ce singulier appareil de pierre dont une partie avait été reconstruite en brique.

Les parpaings de béton ne se cachent plus non plus !

► Badigeonnés de blanc, ils apportent une rude simplicité qui s'accorde tout naturellement avec le bois, le verre et le métal.

► Pour un peu plus de douceur, un chaulage coloré apporte un velouté sensuel tout en laissant apparaître rugosités et accidents de la matière.

Lumière sur le verre

En constante innovation

Autrefois rare et fragile, le verre est le matériau essentiel d'une architecture industrielle avide d'espace et de clarté. Les nouveaux vitrages intelligents sont capables de répartir la lumière de manière plus homogène et se déclinent dans une multitude de gammes d'épaisseur variable, ce qui permet de moduler les transparences au gré des besoins. Très performants pour les toitures, les vérandas et les ouvertures zénithales, ils permettent aussi une meilleure isolation thermique que le verre classique et se révèlent une excellente protection contre l'éblouissement et la chaleur du soleil d'été. Le verre s'affiche partout où l'on veut créer de la légèreté ! Portes vitrées, garde-corps invisibles, marches d'escalier antidérapantes, façades des placards de la cuisine et crédences… Coloré ou dépoli, il s'utilise en cloison ou en faux plafond pour tamiser et embellir les lumières artificielles en évitant la fatigue visuelle. Placés dans les endroits stratégiques, les planchers de verre, même de surface modeste, permettent d'éclairer des parties sombres mais aussi d'ouvrir l'espace en créant de nouveaux champs de vision.

▼ Le garde-corps en verre optimise la perception de l'espace tout en invitant la lumière dans cette chambre installée en mezzanine dans un petit studio en duplex.

Fantastiques plastiques

Pas de modernité sans plastique : le plus jeune des matériaux industriels est un surdoué ! Découpé, scié, percé, cloué, vissé : le plastique est facile à mettre en œuvre, léger, imputrescible et résistant aux chocs. Souple ou rigide, il peut bien souvent se substituer au verre. Il existe aujourd'hui de nombreuses marques de plastiques ultra performants, transparents ou translucides, blancs ou colorés, bon marché comme les polycarbonates, ou précieux comme le Corian®, et qui s'adaptent à presque tous les usages : cloisons, portes coulissantes, revêtements, plans de travail, garde-corps… Sans oublier un mobilier pratique et ludique !

▲ Solides, translucides et surtout inattendues, les palissades de chantier en polycarbonate se détournent facilement en cloisons !

► Les briques de verre permettent d'étonnants aménagements, comme ce bar transparent qui délimite le coin cuisine sans occulter la lumière.

Pour encore plus de transparence

► En remplacement des fenêtres, dans un rez-de-chaussée sur rue, les ouvertures bouchées par des briques de verre protègent du bruit, du froid et des regards.

► Incrustée en haut d'un mur, une simple frise de briques de verre invite la lumière à se réfléchir sur le plafond blanc.

► Les tables jouent la transparence avec des plateaux de verre.

Peinture et vernis

Le bon ton

Échappée du loft, la décoration d'inspiration industrielle privilégie le noir et blanc, mais s'actualise aussi grâce à la couleur ! Design, atelier, rétro, baroque ou futuriste… À vous de choisir, mais avant d'affirmer votre style, laissez-vous guider par la lumière naturelle en observant le rythme qu'elle apporte à chacune des pièces.

Blanc transcendant

Le blanc laiteux, lunaire, neigeux, cotonneux, irisé… Entre sagesse et innocence, la non-couleur permet de mettre en scène tous les contrastes en valorisant les matériaux bruts. Indispensables alliés de la lumière, les blancs denses et lumineux agrandissent l'espace. Blanc d'argent, de Meudon (ou d'Espagne), de titane, de céruse, blanc de zinc, blanc de Troyes… En « total look » mais décliné en multiples profondeurs et effets de transparence, le blanc magique illumine le mobilier en métal, les boiseries et l'accumulation hétéroclite de verreries anciennes délicatement gravées.

▼ Le blanc, spacieux et lumineux, s'anime facilement grâce à quelques touches de couleur, comme cette collection de chaises.

Cadre noir

Emblématique du style loft, il affiche un tempérament raffiné et indémodable. Un parti pris jamais austère sur fond blanc, quand il est associé aux tonalités de matériaux bruts comme le bois clair et l'acier verni. Ardoise, granit, carbone, encre…
Les noirs mats, très graphiques sur l'encadrement des fenêtres, sont aussi complices des tuyauteries apparentes et des radiateurs. Précieux, le cirage ébène révèle les boiseries les plus banales. Quelques touches de rouge, des tapis courbes, des coussins généreux, des antiquités baroques et des objets de curiosité signeront une atmosphère de caractère.

Le gris sourit

Sobre et subtil, ce ton neutre est la clef de voûte d'une atmosphère simple et paisible. Taupe, souris, colombe, tourterelle, ardoise, argile, plomb, anthracite, argent ou ciel gustavien… Qu'il soit mat ou brillant, métallique, franc ou patiné, il donne le bon ton ! Chic, discret, symbole de sagesse et de connaissance, il épouse sans faute toutes les formes, toutes les textures et, à ses côtés, les tonalités vives se révèlent totalement. Une pointe de gris, ajoutée à la peinture, confère un aspect intemporel et suranné aux verts, bleus, mauves et roses.

Couleurs d'expression

Un coin cuisine tristounet, un bureau blafard, une chambre inconfortable ? Pensez d'abord à la couleur ! Un simple aplat coloré réveille et structure l'espace en toute sobriété. Un beau marron glacé velouté ou un rouge brique intense s'harmonisent parfaitement avec la rigueur des matériaux industriels. Les couleurs printanières apportent de la bonne humeur aux sols de béton, du relief aux planchers bicolores, de l'humour aux portes des placards ; un grand rectangle prune peint directement sur le mur remplacera avantageusement une tête de lit. Si vous optez pour des teintes vives, inspirez-vous d'un vrai joli tapis ou d'un coussin ethnique, dont les coloris se marient toujours à la perfection.

MINIMALISTE OU ETHNIQUE CHIC
AVEC LES TONS NATURELS ET MATS

Taupe — Havane — Café

Bitume — Chocolat — Châtaigne

DYNAMIQUE AVEC LES COULEURS PROFESSIONNELLES

Berlin — Pétrole — Asperge

Vert militaire — Lichen — Vert wagon

Rouge pompier — Bleu nuit

◄ Situé face à une large baie vitrée, ce mur taupe velouté et profond, change de tonalité au gré de la lumière pour adoucir et réconforter un salon à l'esprit très brut.

▲ **Un meuble de marchand de couleurs est devenu une amusante console à roulettes.**

Effets secondaires

Les pigments métalliques ou nacrés apportent un éclat très particulier aux murs, aux sols et aux boiseries. Pour le reste… Adieu faux marbre, faux bois, effets mouchetés, patines grossières, trompe-l'œil ! Jouez plutôt la carte de l'humour et du décalage avec les objets et le mobilier, car en matière de décoration de style industriel, le faux sonne rarement juste. Une vraie lapalissade, certes… Mais l'effet ne remplace pas la texture ! Si vos murs vous paraissent trop lisses et sans vie, redonnez-leur du relief en appliquant un enduit teinté dans la masse, sans trop vous attarder sur la régularité des bordures…

RÉTRO AVEC DU CLASSIQUE

Sang de bœuf
Banane
Anthracite
Olive
Gris argent
Céladon
Vert billard
Fer
Vanille
Acier

LUDIQUE AVEC LES LAQUES ACIDULÉES

Fraise
Framboise
Cassis
Tournesol
Mandarine
Kiwi

SÉDUCTEUR AVEC DES TONS POUDRÉS

Rose chair
Mastic
Beurre frais
Ivoire

Protéger et révéler

Respecter les matériaux

Il est quelquefois nécessaire de protéger et de valoriser les matières détournées du monde professionnel par un traitement de surface incolore, teinté, mat ou brillant. Les nuances subtiles apportent beaucoup de charme et le cachet nécessaire à une ambiance industrielle chaleureuse et accueillante. Avant tout, on prend le temps d'étudier la nature du support pour déterminer quel type de revêtement lui correspondra le mieux à l'usage et dans le temps. La priorité sera toujours donnée aux solutions les plus simples et les plus efficaces.

Préparations à base de chaux

Très utilisée autrefois pour assainir les locaux professionnels, la chaux est idéale pour velouter les murs de brique ou de pierre, car elle favorise les échanges hygrométriques. Blanche, elle réfléchit très bien la lumière mais peut aussi être colorée à volonté à l'aide de pigments compatibles comme les terres et les oxydes de fer, et s'épaissir avec des particules de lin ou de chanvre. Dans la cuisine et la salle de bains, elle évite l'apparition des moisissures et peut être lessivée quand elle est cirée – mais dans ce cas la respiration des murs n'est plus possible. Souple et élastique, la chaux est un enduit ignifuge et résistant qui ne se fissure pas et vieillit très bien. Attention : les jus à base de chaux ne s'appliquent que sur des surfaces poreuses et immaculées. Si ce n'est pas le cas, on décape pour obtenir une surface parfaitement propre et apte à « boire » le jus. On peut aussi ajouter un liant collant pour assurer une parfaite adhésion sur les murs de ciment nu.

Légèreté des lasures

Transparentes ou colorantes, les lasures protègent et embellissent sans dénaturer. On choisit une solution 100 % en phase aqueuse qui teinte joliment le bois et conserve aussi très bien l'aspect minéral du béton. Pour obtenir un parquet fumé, on superpose les couches pour le foncer avec subtilité, sans masquer sa texture originale qui lui confère tout son charme brut.

► Badigeon de chaux, peintures et vernis se combinent ici subtilement en plusieurs degrés d'intensité pour renforcer ou varier les tonalités naturelles des matériaux bruts.

Les bons réflexes

► Badigeons et vernis mats sauront se faire discrets pour ne pas altérer l'aspect des surfaces brutes.

► Les peintures pour sol industriel ont un fort pouvoir couvrant et sont parfaites pour rattraper un parquet abîmé ou de médiocre qualité.

► Les revêtements poreux sont à privilégier partout où c'est possible, car ils laissent respirer les matériaux.

Écrivains

Résines et carrelages

Les résines

Les différentes formules à base de résine époxy et de polyuréthane, utilisées pour protéger les sols des locaux de stockage, ont fait leurs preuves sur plusieurs décennies ! D'entretien facile, ces enduits de ragréage ont une résistance exceptionnelle qui leur permet d'affronter quotidiennement le trafic intense des chariots de manutention ou le piétinement incessant des salles de sport. Brillantes et douces, ces résines sont désormais disponibles dans un très large choix de couleurs personnalisables et se détournent aisément sur les sols dans toute la maison. La pose nécessite un matériel lourd : l'intervention d'un spécialiste des sols industriels s'impose.

Le carrelage traditionnel des pros

Généralement blancs ou de couleur vive, ces carreaux costauds sont adaptés à une utilisation intensive. Dans un style rétro, les rectangles biseautés du métro parisien, blancs ou noirs, s'animent d'une frise rectiligne rouge, verte ou bleue. Les dalles des sols de cuisine de collectivité, antidérapantes, sont également envisageables.

► Les multiples reflets lavande de cette luxueuse mosaïque italienne apportent une touche de glamour bienvenue dans une salle de bains de béton et de métal.

◄ De grandes plaques de grès cérame agrandissent l'espace de cette petite salle de bains en la parant de splendides effets métalliques.

Les belles céramiques contemporaines

Des carreaux surdimensionnés foncés, aux joints discrètement assortis, apportent une touche de luxe réconfortante. Avec leurs reflets métalliques, les grès cérames imitant l'acier sont spectaculaires sur les murs de la cuisine ou de la salle de bains. Les dalles de granit ou de galets noirs, denses et massives, sont lourdes : préparez le sol en conséquence. Austères et mystérieuses, les grandes ardoises noires ou oxydées s'accordent parfaitement avec le zinc et les bois clairs.

▲ Noir et blanc moderne pour une salle de bains entièrement revêtue de petits carreaux de mosaïque en pâte de verre.

Les nouveaux carreaux intelligents

Qualités esthétiques remarquables, hautes performances et mise en œuvre rapide : le carrelage est une solution déco incontournable qui a bénéficié aussi ces dernières années d'importantes avancées technologiques. Époustouflants, les carreaux de verre translucide, gravés ou métallisés, révèlent une profondeur de luminosité inégalée pour ce type de revêtement. Innovants, les carreaux composites à base de carbonate de calcium et de résine sont plus légers, moins bruyants, plus résistants, et conservent la chaleur plus longtemps que la céramique traditionnelle. Résistantes, les dalles de PVC recyclé sont emboîtables, si faciles à poser et à démonter qu'on les emporte en déménageant !

MONTANA

PLACE À L'ESPACE

Optimiser les volumes

Libérez les perspectives

Comme dans un loft, la première étape consiste à décloisonner pour ouvrir la vue et permettre l'exploitation de la totalité de l'espace. Adieu donc, les cuisines fermées et les simples zones de passage : chaque mètre carré doit être totalement à votre service. Attribuez en priorité la zone de luminosité naturelle la plus importante aux activités auxquelles vous consacrez le plus de temps le jour, et aménagez confortablement les espaces d'intimité dans les parties les moins spacieuses de votre maison. Organisez une pièce de rangement dans la partie aveugle de l'habitation : comme dans une usine, ce « magasin » facilement accessible permet de gérer, hors de la vue, l'approvisionnement des consommables de la vie quotidienne. On regroupe les meubles pour laisser un espace libre au sol, que vous pourrez occuper selon les besoins : yoga, bricolage, peinture, danse... Jouez aussi sur la confusion dedans/dehors pour optimiser l'espace en abolissant les frontières par des jeux de miroirs judicieux, des ouvertures totales et la continuité des matériaux au sol.

▼ Peu de meubles et un jeu de cloisons partielles : on a privilégié dans cette pièce à vivre l'ouverture sur l'extérieur.

▲ Coupée à mi-hauteur,
une cloison joue les garde-corps
en libérant la vue sur le salon.

Moduler les ouvertures

Accueillir la lumière

Les usines d'autrefois s'ouvraient largement sur le ciel par de vastes verrières d'acier qui recevaient la lumière naturelle. De même, l'éclairage zénithal permet d'ouvrir la maison à la lumière tout en préservant des regards extérieurs. Ensoleillée toute la journée, la maison paraît vraiment plus grande, joyeuse et conviviale. Fenêtres et baies sont des éléments d'architecture forts. Trois fois moins conducteur que l'aluminium, l'acier permet de construire sur mesure des structures d'une finesse et d'une beauté incomparables. N'hésitez pas à investir sur le long terme en faisant appel à un serrurier qualifié.

▲ Pour encore plus de lumière, de larges ouvertures ont été percées au-dessus des portes-fenêtres de cette ancienne laiterie.

◄ Avec ses volets de bois, la fenêtre de la chambre du premier étage joue sur la confusion dedans/dehors tout en absorbant la lumière naturelle provenant des ouvertures de la façade.

▲ Une luminosité optimale est apportée par cette traditionnelle verrière d'atelier installée sur toute la hauteur de la façade.

Portes et cloisons intelligentes

On a parfois besoin de préserver son intimité, ou tout simplement envie de s'isoler un moment. Fixes ou mobiles, coulissantes, occultantes, translucides ou ajourées, les cloisons de tous les styles permettent de tamiser la lumière et de moduler l'espace. L'aménagement d'ouvertures partielles dans les murs permet d'agrandir la perspective sans dévoiler certaines parties de la pièce.

◄ Avec ses ouvertures modulables et ses rideaux coulissants, cette cloison de verre protège la chambre d'enfant du bruit et des regards.

► Dense mais lumineuse, la porte d'entrée en acier a l'air d'autant plus massive et solitaire qu'elle est encastrée dans une imposante bibliothèque.

S'isoler sans se priver de lumière

► Coupée : à mi-hauteur pour masquer un coin télé.

► Arty : une photo ou un tableau imprimé sur une bâche.

► Végétale : une haie de bambous ou de tournesols géants.

► Comme dans le Sud : un rideau de bandes multicolores plastifiées.

► Récup' : un rideau de bouchons en plastique ou un filet de camouflage.

► Rétro : le paravent accordéon de nos aïeules.

► Textile : un pan de rideau dont l'épaisseur évolue au gré des saisons.

Portes magiques

Choisissez des portes pratiques et discrètes comme les portes à galandage qui se cachent dans les cloisons, ou les portes coulissantes sans surface de débattement. Dans l'entrée, une lourde et massive porte en métal est toujours rassurante. On peut aussi jouer sur les perspectives en habillant une porte d'un long rideau qui se confondra avec ceux des fenêtres. Pour donner de la vie au dos des portes, pensez aussi aux aimants et à la peinture magnétique ou aux peintures bicolores ton sur ton. Des portes ethniques en bois, magistralement sculptées, seront surprenantes dans un univers rigoureux de métal et de béton.

Créer le bon climat

Autour du feu

Écologique, naturel et renouvelable, le chauffage au bois a vite trouvé sa place au cœur des habitations de style industriel. Oubliées la fumée et la suie d'antan : aujourd'hui, cheminées et inserts sont des équipements à très haut rendement, utilisés par les professionnels et les collectivités. Sûr et performant, l'insert en métal est très apprécié dans les pays nordiques. Il prend peu de place et s'installe facilement dans une cheminée existante, dont il améliore les performances et la sécurité. Poêle à bois, poêle de masse, poêle à granulés, chaudière à bois pour chauffage central... Pour chauffer rapidement ou en continu, on n'hésite plus à remplacer sa cuve à mazout par un beau et haut mur de bûchettes !

◄ Mélange réussi dans cette ancienne forge : un salon contemporain s'organise autour de l'âtre et de son imposante hotte en métal d'origine.

▼ Une paire de roulettes et un large tuyau en inox personnalisent ce poêle en fonte de style scandinave.

Les radiateurs

Les radiateurs d'usine en forme de plinthe sont l'idéal pour chauffer les grandes pièces, et se font discrets le long des murs. Massifs et fiables, les radiateurs en fonte ont plus d'un siècle ! Les plus courants sont ceux de la Compagnie nationale des radiateurs. En métal brossé et verni, lisses ou avec des motifs fleuris rococo, ils sont encore plus beaux quand on leur associe un imposant robinet d'ouverture. Programmables à distance, certains modèles contemporains offrent une double fonction, à l'instar de ces porte-serviettes augurant de doux moments de réconfort à la sortie du bain. Esthétique, discrétion et performances optimales pour les grandes plaques d'acier extraplates très contemporaines qui habillent les murs d'un majestueux éclat métallique.

▲ ▶ Les radiateurs rétro ne se cachent plus ! Garde-corps ou chauffe-serviette, certains modèles étonnants peuvent même cumuler les fonctions !

Où les trouver ?

▶ Chez les récupérateurs : les modèles anciens et industriels.

▶ Chez les artisans spécialisés : les modèles anciens rénovés et de très belles rééditions.

▶ Dans les grandes enseignes de bricolage : les modèles contemporains.

▶ Dans les enseignes spécialisées : tous les modèles les plus futuristes.

DES OBJETS UTILES ET BEAUX

Les charmes de la force tranquille

Les meubles de métier

Vestiaire de mécanicien, étagère de tri postal, meuble d'apothicaire, comptoir de mercière, table de drapier… Pratiques et ingénieux, ils ont été conçus et fabriqués dans les règles de l'art, pour une utilisation professionnelle quotidienne et souvent éprouvante. Construits sur mesure dans la majorité des cas, ces meubles robustes répondaient aux besoins spécifiques de chaque profession et se transmettaient, tout comme le savoir-faire, de génération en génération. Avec la disparition des petits métiers et l'avènement de la fabrication en série, meubles et accessoires ont progressivement été mis au rebut, pour le plus grand bonheur des amateurs de récupération. Qu'ils soient conservés « dans leur jus », avec les marques de leurs bons et loyaux services, ou revisités avec inspiration, ils trouvent une seconde vie dans nos habitations où ils apportent une vraie touche d'originalité poétique et le cachet de l'objet unique. Utilisés dans leur fonction première ou habilement détournés, ces solides alliés du rangement deviennent vite indispensables dans toute la maison ! Si on aime la chaleur du bois, les meubles de boutiquiers sont une véritable aubaine, avec leurs tiroirs à foison et leur ergonomie sans faille. Dans un esprit plus contemporain, le mobilier en acier se marie allègrement avec le style moderniste des années 1930 à 1950.

◄ Cet ancien établi de mécanique, conservé dans son jus, offre de nombreux rangements et accueille notamment la chaîne hi-fi.

À savoir avant de succomber

► Si vous n'optez pas pour une conservation « dans son jus », la rénovation d'un meuble de métier peut s'avérer importante et onéreuse…

► Certains modèles de très grandes dimensions ne pourront trouver leur place que dans de très vastes espaces.

► Lourd et difficile à déplacer, le mobilier d'usine ou d'atelier peut endommager les sols fragiles comme les tommettes ou les parquets.

▲ Précurseur du design moderne, le mobilier industriel aux formes simples a une allure très avant-gardiste, tout en conservant le cachet de l'ancien.

Fonction première ou détournement ?

Dans la cuisine, un billot de boucher, ou un comptoir d'épicerie, fera un excellent plan de travail. Dans le salon ou le bureau, effet de surprise garanti avec un guichet de banque, une table d'imprimerie, un fauteuil de barbier ou de dentiste, une rangée de strapontins de théâtre ou de cinéma. Les chaises d'usine au dossier en forme de haricot et les tabourets de dentiste ou d'école des beaux-arts, à hauteur réglable, offrent de confortables lignes courbes. Les étiquettes des meubles à clapets permettent de retrouver en un clin d'œil chaussures, petits vêtements ou jouets dans la chambre, cosmétiques et médicaments (hors de portée des enfants dans les tiroirs du haut) dans la salle de bains, et l'épicerie dans la cuisine.

◄ ▲ Quels que soient leur âge et leur fonction première, les meubles de récupération aiment le mélange des genres. L'humour et le décalage sont donc à privilégier !

Les trois règles d'or de Caroline Giraud *

► Choisir, pour le mobilier, de l'ancien ou du reconverti.

► Opposer les matériaux lourds, rigides et denses (métal, béton, bois) aux objets souples, légers et fragiles (verre, papier, fleurs).

► Repeindre un meuble de façon franche et oser le bicolore.

* Créatrice de la boutique de décoration industrielle *Carouche*.

▲ Avec ses nombreux casiers, l'étagère de tri postal en tôle ajourée se prête à toutes sortes de détournements : bibliothèque, atelier de couture, étagères à chaussures, vaisselier...

Le nouveau mobilier industriel

Le mobilier professionnel

Une atmosphère de colonies de vacances avec le mobilier de collectivité ! Banc, chaise et bureau d'écolier, vestiaire sportif, tabouret de cordonnier, bac à plonge et robinet à jet d'eau, patère à ustensiles : autant de meubles et objets solides et fonctionnels à se procurer chez les équipementiers d'hôtels et de collectivités. Portants et présentoirs des professionnels du prêt-à-porter sont étudiés pour aménager efficacement un dressing. Son air bucolique fait oublier sa grande résistance : le mobilier de jardin s'utilise désormais dedans comme dehors !

◄ Assises solides, lignes massives et finitions parfaites, le nouveau mobilier d'inspiration industrielle privilégie les matériaux bruts ou de récupération.

Copies, rééditions, inspirations... attention !

► On commercialise aujourd'hui de nombreux modèles ou créations s'inspirant des meubles des commerçants d'antan. Ainsi, comptoirs et hauts tabourets de bar, meubles de mercerie ou billots de boucher sont devenus des classiques de l'ameublement, à la ville comme à la campagne.

► Si les rééditions ne peuvent prétendre au cachet des meubles d'époque, il existe des modèles de bonne facture.
Leurs dimensions, adaptées aux intérieurs actuels, méritent amplement de retenir votre attention – d'autant que l'on peut facilement les personnaliser en les peignant, en changeant les poignées ou en recouvrant les plateaux avec de la tôle.

Le style réinventé

Vous cherchez une console en métal haute, longue et rivetée ? Un miroir qui ressemble à une verrière d'atelier ? Une table réalisée avec du bois de charpente et de bonnes proportions ? Cap sur les matériaux recyclés, les belles finitions artisanales, les éditions limitées ou les réalisations sur mesure… Le style industriel se réinvente désormais avec passion et élégance. Ces pièces très bien pensées sont souvent réalisées à partir de matériaux de récupération. Imaginées par des antiquaires spécialistes du style et réalisées par des artisans qualifiés, elles ont un rapport qualité-prix qui reste très compétitif malgré la demande croissante. Le mobilier d'atelier inspire aussi les grandes enseignes de l'ameublement et de la décoration, où l'on trouve du mobilier en tôle original et à des prix très abordables.

► En métal oxydé et bois de récupération, cette table basse très brute s'associe à la perfection avec du mobilier ancien.

▼ Création contemporaine, ce fauteuil nomade en tôle pliée et monté sur de grosses roulettes de chariot s'inspire du style industriel.

Luminaires professionnels

Lumières professionnelles

Télescopiques, orientables, ajustables et flexibles, belles et solides mais surtout ingénieuses : on ne peut plus se passer des lampes industrielles, qui se plient à tous nos besoins de lumière. Réflecteur émaillé, filtre en résine, rotules d'articulation, bras à contrepoids, attache en étau, socle en fonte ou pieds à roulettes : les lampes conçues par des designers renommés comme Édouard Wilfrid Buquet, Serge Mouille, Georges Cawardine ou Mariano Fortuny ont inspiré en leur temps bon nombre de fabricants de luminaires industriels. Un succès qui ne se dément pas : certaines marques rééditent même les modèles phares du passé dans des coloris plus actuels, comme la célèbre lampe articulée Jieldé avec son corps en zigzag, inventée par un entrepreneur pour équiper son usine. Les trépieds de géomètre, les lampes de mineur, les projecteurs de cinéma et les mandarines de photographe trouveront place dans la maison. On ouvre l'œil en brocante, pour chiner des pièces de lampes articulées à recycler avec des phares de voiture de collection.

Réchauffer un décor aux lignes strictes

Bien éclairés, meubles et éléments décoratifs modulent la perception que l'on a des volumes. En combinant les éclairages directs et indirects, la couleur, la puissance et la taille du halo de lumière, on joue sur les ombres et les contrastes pour créer un relief subtil qui adoucit les lignes strictes de l'univers industriel. Au quotidien, un éclairage artificiel réussi s'adapte parfaitement aux activités de chaque espace en tenant compte des saisons. C'est en hiver, lorsque la luminosité naturelle est la plus faible, que vous pourrez juger totalement de l'efficacité de votre équipement en matière d'éclairage. Pensez à le choisir modulable et orientable, pour qu'il s'adapte sans peine aux différents besoins des habitants de la maison.

◄ Équipés de variateurs pour moduler l'intensité du halo, les luminaires professionnels sont très pratiques et souvent spectaculaires, comme ce rare et monumental scialytique de chirurgien, qui éclaire sans laisser aucune zone d'ombre.

▲ Un nuage de simples suspensions de papier blanc apporte une touche de poésie lumineuse et fragile au-dessus d'une imposante table faite de chevrons et de profilés d'acier recyclés.

Les bras articulés

Pour cuisiner, bricoler, coudre, dessiner, on évite la fatigue oculaire avec un éclairage localisé effaçant les ombres portées par l'éclairage général. Les lampes d'architecte, de carrossier ou d'orfèvre tout comme les scialytiques de chirurgien créent un halo direct et précis sur le plan de travail. Au-dessus d'un confortable fauteuil, un haut lampadaire avec sa potence à contrepoids éclaire une zone de lecture. Petit budget ? Les lampes articulées équilibrées et costaudes se dénichent neuves en noir, rouge ou couleur alu chez les fournisseurs de matériel de bureau.

► Indissociables du style industriel, les suspensions d'usine, sages ou surdimensionnées, sont encore plus étonnantes si on les accumule.

Les suspensions

Imposantes et majestueuses, les lourdes cloches industrielles en verre ou en métal émaillé nécessitent une belle hauteur sous plafond et un système d'accrochage renforcé. Au-dessus de la table de la salle à manger, une suspension réglable, large et peu profonde, diffuse un doux halo de lumière pendant les repas et pourra s'abaisser au besoin pour donner une lumière plus directe à l'heure des devoirs. L'utilisation de variateurs permet de moduler l'intensité lumineuse des lampes surdimensionnées et d'installer de grosses ampoules de verre nues, suspendues au plafond comme d'improbables et poétiques gouttes d'eau.

◄ Inventée pour ses propres besoins par un ingénieur en mécanique, le modèle articulé *Loft* de la marque Jieldé connaît un succès toujours croissant depuis sa création en 1950.

Les appliques

Fixes et décoratives, des appliques étroites et longilignes peuvent être réalisées dans des gouttières de zinc ou de cuivre, simplement percées au poinçon. Elles diffusent une douce lumière indirecte, parfaite pour les chambres ou le coin télévision. Les petites potences d'usine articulées permettent de modifier l'éclairage selon l'inclinaison du réflecteur. Dans la cuisine, au-dessus du plan de travail, une applique d'atelier joue de l'accordéon avec son bras télescopique en croisillon.

► Un exemple de détournement inventif et poétique avec ces gouttières anciennes en zinc, percées à la manière d'un ciel étoilé.

▼ ► Une longue et sobre panière en tôle ajourée se détourne facilement en applique tandis que, dans la cuisine, un lustre exubérant et baroque fait écho au parquet ancien.

Les objets industriels

Détournements et recyclages

Précurseur du recyclage par le détournement d'objets abandonnés, le style industriel affectionne les sympathiques trouvailles de la rue et des brocantes, qui retrouvent vite un second souffle dans ce décor atypique et singulier. Cultivant une nostalgie joyeuse et kitsch, les collections d'objets fragiles ou disproportionnés et les récurrences involontaires sont autant de jolis pieds de nez à la rigueur industrielle...

Les lettres d'enseignes

Elles sont dépareillées mais si expressives ! On expose sur les murs ou à même le sol les belles lettres en métal des façades commerciales d'autrefois, mais aussi les nostalgiques tampons de bois d'imprimerie, vestiges d'un savoir-faire révolu. Sur le mur, un panneau en métal ou un mot peint au pochoir signaleront la vocation principale de l'espace : restaurant, atelier, café, bibliothèque...

◄ **Empilables et mobiles, les casiers de mécanicien se glissent partout pour tout ranger.**

Les trois règles d'or de Frédéric Daniel *

- ▶ Mêler les antiquités industrielles aux meubles de style.
- ▶ Chaque objet exposé doit être un coup de cœur très personnel.
- ▶ S'intéresser aux objets de maîtrise, touchants et spectaculaires à la fois.

* du magasin *ZUT ! Antiquités*

▲ Ciel, love, rire, rivages, rêves, lire, délices… Avec les anciennes lettres d'enseignes, on compose sur les murs toutes sortes de mots et de slogans, selon l'humeur !

Les objets ethniques

Témoignages d'un savoir-faire ancestral, les masques et statuettes de bois, ornements folkloriques, instruments de musique traditionnelle, lanternes de fête ou splendides portes sculptées sont autant d'invitations au voyage.

Les horloges de collectivité

Brillié, Lambert, Giro, Ato, Lepaute... Remontez le temps grâce à ces belles figures rondes que l'on trouvait autrefois dans les gares et les établissements publics. Ces horloges surdimensionnées, qui fonctionnent encore parfaitement lorsqu'elles sont pilotées par une horloge mère, portent quelquefois le nom du lieu qu'elles équipaient.

La vaisselle de bistrot

Sur un air de guinguette, les accessoires emblématiques de la convivialité populaire s'invitent dans la cuisine. Carafes, assiettes, tasses et soucoupes publicitaires s'exposent en collections. On offre une nouvelle chance aux grands cendriers de céramique, parfaits pour récolter les noyaux d'olives et les cure-dents de l'apéritif.

◀ Témoins du temps qui passe, les belles horloges de gare.

L'esprit industriel contemporain

▶ Pensez aussi à chercher du côté de la nouveauté ! Le style industriel est une constante source d'inspiration pour les créateurs d'objets design.

▶ Édités en séries limitées, ces accessoires du quotidien, à la fois beaux et utiles, restent abordables et se dénichent dans les galeries d'art spécialisées.

Les collections de l'étrange

Sensuels, mystérieux ou inquiétants, les objets de curiosité sont accumulés par thème sur les étagères d'anciennes vitrines médicales. Certains brocanteurs et antiquaires sont des spécialistes et vous trouverez aussi de stupéfiantes anomalies naturelles au gré de vos promenades. Ouvrez l'œil !

Avec l'univers médical d'antan, frissons garantis : outils de chirurgiens et de dentistes, stéthoscopes et bustes didactiques de la Faculté de médecine…

Les globes de verre qui protégeaient autrefois de la poussière les délicats mécanismes des horloges trouveront un nouvel emploi en couvrant de très comiques robots en métal des années 1950.

Pensez aussi aux facéties de la nature : ossements, fossiles, nids d'oiseaux abandonnés, coquil-lages, galets aux formes étranges, bois flotté et bien d'autres bizarreries naturelles et hétéroclites comme les objets en plumes, les cornes et les animaux empaillés – dans le respect bien sûr des espèces protégées…

▲ Exposées, les matrices de fabrication en série deviennent des objets de décoration.

▼ Belles antiquités et objets curieux s'associent pour créer une ambiance romanesque.

Soigner le détail

▲ Conçues pour un usage intensif, les prises professionnelles sont faites pour durer.

▲ Ces gros modulateurs électriques ont été conservés en souvenir de l'ancienne activité du bâtiment.

Arrivées électriques

On ne cache plus les prises, valorisées par les couleurs, les matières et surtout les dimensions : on célèbre avec faste la fée Électricité ! Métal brossé, nickel noir, laiton poli et verni, chrome vif ou verre aux coloris acidulés habillent les grandes commandes d'éclairage rectangulaires qui comportent plusieurs va-et-vient et/ou boutons pressoirs. Les « plugs » à clapet rond s'alignent ostensiblement par deux ou quatre, et les discrètes prises incrustées dans le sol sont protégées par de beaux clapets plats en acier.

Poignées de portes

Pour un effet très industriel, on mise sur le détournement des poignées professionnelles, comme les prises surdimensionnées des portes de train et de métro, ou les mécanismes articulés des glacières anciennes. Les coquilles en acier ou les boules émaillées jouent la carte de l'atelier rétro. Pour un look plus contemporain, on opte pour les modèles en verre ou en forme de galet.

◄ ▼ À chiner chez les récupérateurs de matériaux : les poignées de transport et les bacs de mécanicien.

▲ En séchant, cette feuille de rhubarbe géante prend des allures de tabac blond.

Coussins, tapis, plaids et peaux de bêtes

Matières chic ou détournement choc, pensez aux accessoires qui apportent douceur et couleur à un style industriel aux lignes rudes et austères. Multifonctionnel, le coussin XXL en toile à bateau est posé à même le sol, pour lire ou regarder la télévision ; il peut même servir de lit d'appoint pour les enfants. Les petits coussins rectangulaires sur lesquels sont brodés des messages tendres attendent, sagement disposés sur le canapé ou le lit… Jouez aussi la carte de la sophistication avec les polochons en velours de soie d'inspiration Art déco.

Au sol, les tapis de laine ethniques noués ou tressés apportent une vraie touche de confort. Jolies et tout-terrain, les nattes de fils de plastique tressé se superposent en un patchwork de petits formats multicolores. On trimballe de pièce en pièce les petits plaids chauds et douillets qui adoucissent un fauteuil un peu trop carré. Sur un siège au coin du feu, une peau de mouton, et au sol une véritable peau de vache…

UNE HARMONIE FONCTIONNELLE

Espaces de convivialité

Une grande pièce à vivre

Aménagé dans un grand volume clair et débarrassé du superflu, le cœur de la maison s'organise en modules polyvalents qui permettent à chacun d'y avoir toutes sortes d'activités : une grande table de drapier et une suspension d'usine à hauteur réglable accueillent aussi bien les repas que les devoirs des enfants. Le mobilier de style industriel, massif et imposant, se complète le moment venu de petites tables gigognes, chaises pliantes, tabourets empilables et meubles à roulettes qui se déplacent au gré des besoins et se rangent facilement. Un grand sens pratique, de l'ordre, de l'humour et une pointe de nostalgie rétro sont les ingrédients indispensables pour composer une ambiance industrielle élégante et décontractée.

► Des couleurs douces et des matériaux faciles à entretenir dans une cuisine bien rangée qui offre de la place pour toutes les activités de la famille.

◀ Le mobilier professionnel détourné se marie aux couleurs naturelles pour un style industriel très élégant qui renforce le cachet de cet appartement du XIXe siècle.

▲ Jeux de matériaux et de perspectives dans ce grand salon qui s'ouvre largement sur le jardin l'été, et où il fera bon se réunir autour d'un bon feu en hiver.

La cuisine

Espace de gourmandise et de dialogue, la cuisine s'installe sans complexes dans la pièce à vivre. Plan de travail en béton, assemblage hétéroclite de meubles de métier, mobilier en formica des années 1950, objets détournés : la cuisine industrielle bohème aime les mélanges, le style récup' et l'accumulation de matériaux. Les cuisines contemporaines s'accordent aussi parfaitement du style industriel, en privilégiant des matériaux haut de gamme comme le Corian®, le béton ciré, le verre ou l'acier. Rigoureusement pratique, la cuisine en inox s'organise avec le matériel des professionnels de la restauration en plusieurs pôles distincts, fiers de dévoiler leur utilité. Vous habitez une petite surface ? La plupart des marques d'électroménager proposent des modèles en inox de taille plus modeste. Dans tous les cas, pensez à rehausser le plan de travail : question de confort et de sécurité pour les enfants.

▲▼ Inox, bois, béton et détournements d'usage sont les éléments clefs d'une cuisine d'inspiration industrielle conviviale et joyeuse.

▲ Dans cet appartement parisien traditionnel, une mosaïque colorée marque l'emplacement des cloisons qui ont été abattues pour ouvrir cette grande cuisine contemporaine sur le salon.

La bibliothèque

Livres et disques sont très décoratifs aussi ! On leur attribue une place de choix en s'inspirant des rayonnages professionnels. Budget vraiment serré ? Optez pour les jeux de construction ! Maintenus par leur poids, briques, parpaings, poutres et planches de récupération s'assemblent sans fixations particulières. Pour installer une bibliothèque grande et haute sur tout un pan de mur, les rayonnages de stockage de sécurité en aluminium galvanisé à monter soi-même sont peu chers et supportent des poids conséquents. Les étagères de banque, de pharmacie ou d'épicerie offrent aussi de belles possibilités de détournement. Le béton cellulaire, pratique et léger, permet de construire en un tournemain des niches de différentes tailles où viendront alterner disques, bibelots insolites et beaux livres. Pensez aussi aux possibilités de cloisonnement partiel ou de double emploi : face c'est la discothèque, pile c'est le vestiaire !

◄ ▼ Étagères de stockage industriel ou création contemporaine en tôle pliée, le métal modernise la bibliothèque.

Le bureau

Le mobilier industriel a été inventé pour travailler ! Chaises pivotantes, tables inclinables et luminaires articulés sont de véritables aubaines pour aménager astucieusement un espace de travail atypique et performant. Monté sur roulettes, le classique petit meuble classeur en tôle sert de bureau d'appoint et permet de ranger papiers et ordinateur portable. Ingénieuse et décorative, la table d'architecte s'incline pour un meilleur confort ; on peut lui préférer la nostalgie du pupitre d'écolier, la rigoureuse autorité du bureau de l'instituteur ou le luxe rétro d'un bureau de banquier américain… Tout-terrain, l'établi d'atelier en a déjà vu de toutes les couleurs : il supportera bien encore un ou deux épineux dossiers…

► Pour le bureau, les meubles d'usine et de bistrot sont les alliés d'un travail rigoureux et confortable; une élégante table Tolix de bistrot ancienne s'accompagne d'une chaise Tolix.

▼ Le bureau joue la transparence avec un plateau de verre posé sur une structure grillagée.

Espaces de détente

Le sommeil

Matières douces et naturelles, tonalités apaisantes... Exclusivement dédiée au repos, la chambre de style industriel s'aménage tout naturellement autour de la literie. On accorde une attention particulière à la lumière, douce et tamisée par de longs rideaux qui tombent théâtralement jusqu'au sol, et l'on profite du faisceau direct d'une lampe industrielle articulée placée à la tête du lit pour lire sans risquer de gêner l'autre. Pour gagner en intimité dans une configuration de chambre ouverte sur la pièce à vivre, on utilise une cloison partielle pour dissimuler le couchage aux regards. Une table de chevet d'hôpital, un radiateur en fonte et des casiers de carton bouilli seront des rappels discrets d'une ambiance industrielle adoucie.

▼ Sur le mur du fond, le béton a épousé les reliefs du bois de coffrage dans lequel il a été coulé. À réaliser l'été, ou en chauffant la pièce, pour obtenir un gris subtil et lumineux.

Le bain

Paillasse de laboratoire, petites armoires à pharmacie, chevets d'hôpital, tôles de zinc… Fonctionnelle, contemporaine ou décalée, à vous de choisir l'humeur de votre salle de bains d'inspiration industrielle. Indispensable complice des moments de détente, elle s'ouvre sur la chambre pour gagner en espace et en luminosité. Avec ses carreaux d'une blancheur immaculée, la douche à même le sol est très hygiénique et se nettoie d'un simple coup de serpillière. Carreaux de grès cérame métallisés, pâte de verre et sol d'ardoise ou de galets, la salle de bains industrielle contemporaine joue la carte de la minéralité en gris, noir et blanc. Avec ses lignes douces et massives, la baignoire ancienne se coordonne à un parquet de bois clair, des robinets chromés et des boîtes de rangements en zinc.

◄ La baignoire à pattes de lion est un élément décoratif à part entière dans cette salle de bains dont la hauteur des vasques a été pensée pour tous les membres de la famille.

La terrasse et le jardin

Cultivez les contrastes ! Pour un effet brut, privilégiez les espèces rustiques comme les herbes aromatiques, les plantes grasses, la vigne, la rhubarbe ou les tournesols. Poétiques et délicats, lotus, orchidées et cerisiers nains du Japon apporteront une touche de douceur exotique. Pratiques, les fleurs et plantes vertes stabilisées sont éternelles et se passent d'entretien ! Nostalgiques, les fleurs, branches et feuilles séchées sont de fragiles évocations du temps qui passe... Pour les cache-pots, pensez au béton, au zinc, au métal oxydé, et dissimulez les pots les plus imposants dans des sacs à gravats souples et blancs. Utilisez aussi les végétaux pour moduler l'espace, avec une haute haie de bambous ou un treillage. Pour agrandir l'espace, entretenez la confusion entre le dedans et le dehors en jouant sur la continuité des matériaux entre les murs et le sol.

► Accord chaleureux du bois et de la brique dans la cour de cet ancien entrepôt industriel, reconvertie en terrasse élégante.

◄ ▼ Béton, briques, métal et verre : les matériaux du style industriel se déclinent aussi à l'extérieur.

CAHIER PRATIQUE

LES DESIGNERS

Une liste des principaux designers du XXe siècle dont le travail moderne et fonctionnaliste a été très influencé par le style industriel. Certaines de leurs créations atteignent aujourd'hui des cotes records. Toutefois, le mobilier utilitaire fabriqué en grande série pour équiper l'administration se déniche encore au hasard des brocantes.

Jacques Adnet : Architecte et décorateur. Il est le créateur d'un mobilier aux formes géométriques en métal, en verre et en cuir dans un style à la fois très élégant, moderne et classique.

Marcel Breuer : Architecte et designer formé par l'école d'architecture allemande Bauhaus. Il est le concepteur de la chaise B3, la première chaise en tubes d'acier pliés créée en 1925 pour le peintre Vassily Kandinsky.

René-Jean Caillette : Père des chaises Coccinelle à coque en fibre de verre et au piétement en métal tubulaire laqué noir. Elles furent éditées par la marque Steiner et connurent un succès retentissant à la fin des années 1950.

George Carwardine : Industriel anglais spécialisé dans la fabrication de suspensions automobiles. Il crée en 1933 la célèbre lampe articulée Anglepoise.

Jean-Louis Domecq : Créateur en 1950 de la lampe Jieldé dénommée d'après ses initiales (J, L et D) pour équiper les machines de son usine. Bras articulé, cercle de préhension autour du réflecteur pour une manipulation facile et un étau robuste qui permettent de l'installer partout. On n'a pas encore imaginé plus fiable, ingénieuse et pratique jusqu'ici !

Charles et Ray Eames : Légendaire couple américain d'architectes, décorateurs et metteurs en scène. Ils ont consacré leurs recherches à la conception d'un mobilier moderne de qualité, accessible au plus grand nombre.

Pierre Guariche : Créateur de mobilier et de luminaires dont les deux succès emblématiques du style 1950 : les lampadaires Cerf-volant et la chaise Amsterdam en contreplaqué moulé en forme de tonneau.

Arne Jacobsen : Architecte et designer fonctionnaliste danois. Il est l'inventeur du modernisme organique marquant le début du style scandinave : lignes simples et élégantes mais fonctionnelles avec des matériaux naturels et confortables. Icône des années 1960, le fauteuil en forme d'œuf est sa création la plus emblématique.

Pierre Jeanneret : Architecte et designer suisse. Il invente, avec son cousin Le Corbusier, un nouveau style architectural défini en cinq points : les pilotis, le toit-terrasse, le plan libre (la division de l'espace n'est pas soumise aux impératifs structurels de la construction), la fenêtre bandeau et la façade libre (elle n'est plus en charge de supporter le bâtiment).

Paul Laszlo : Architecte, designer et décorateur américano-hongrois. Il est le spécialiste des agencements de magasins et du mobilier de bureau haut de gamme. Son style, marqué par des lignes fluides et l'utilisation atypique de la couleur, inspire encore aujourd'hui les décorateurs de magasins.

Le Corbusier : De son vrai nom, Charles-Édouard Jeanneret-Gris, architecte, urbaniste, peintre et écrivain d'origine suisse qui sera naturalisé Français. Il impose dès les années 1930 un style puriste et rigoureusement ordonné, propice au bien-être. Emblématique du style dit « Corbu », le canapé LC2, réalisé en collaboration avec Charlotte Perriand et Pierre Jeanneret, est toujours commercialisé de nos jours et n'a pas pris une ride !

Mathieu Matégot : Designer. Il débute sa carrière comme étalagiste aux Galeries Lafayette. Il crée à partir des années 1930 des meubles et des objets usuels, astucieux et ludiques en rotin et métal ou en tôle ajourée, dont il industrialise la fabrication. La chaise Nagasaki, le fauteuil Copacabana ou le fauteuil Santiago sont ses pièces les plus remarquables.

Joseph-André Motte : Avec un choix de matériaux traditionnels judicieux (métal, rotin, bois), il crée un mobilier aussi ergonomique et économique que moderne et élégant. Fondateur de l'Atelier de Recherche Plastique avec Pierre Guariche et Michel Mortier, il est le décorateur fétiche des plus grands noms de l'industrie française dont la RATP pour qui il dessinera des sièges encore utilisés à ce jour.

George Nelson : Designer, architecte, graphiste et aussi écrivain. Il est un créateur à la vision futuriste, révélant un penchant particulier pour les formes ludiques et l'utilisation de matériaux nouveaux pour le mobilier.

Isamu Noguchi : Sculpteur, décorateur et designer américano-japonais. Il est le créateur du modèle Akari, de lampes de papier en forme de bulle ou de panier qui lui furent inspirées par les pêcheurs au cormoran.

Xavier Pauchard : Artisan chaudronnier et fabricant de mobilier de collectivité en tôle emboutie vernie. Stables, solides et empilables, les chaises, fauteuils, tabourets et tables de la marque Tolix envahissent les terrasses des cafés et même le pont du célèbre paquebot Normandie.

Pierre Paulin : Architecte d'intérieur, créateur de meubles et d'objets industriels. Il a inventé les célèbres Tulipe et Mushroom, des fauteuils confortablement rembourrés de mousse et habillés de tissu extensible. Designer pour Thonet ou Artifort, son style coloré et novateur équipera dans les années 1970 l'Élysée et le Louvre, parmi d'autres bâtiments et entreprises de prestige.

Charlotte Perriand : Architecte et designer avant-gardiste spécialiste de l'aménagement intérieur. Elle est la première à proposer un aménagement modulaire de la maison et à détourner les matériaux industriels comme les tubes d'acier pour créer du mobilier métallique à la fois élégant et décontracté.

Jean Prouvé : Ferronnier d'art et architecte autodidacte, créateur d'un mobilier fonctionnel en bois et tôle pliée. Ses recherches sur une approche industrielle et technologique de la construction (structure en acier plié, façade rideau en panneaux modulaires, éléments de structures visibles, espaces intérieurs flexibles) ne lui feront pas perdre un goût prononcé pour la création manuelle et artisanale.

Raphaël Raffel : Architecte d'intérieur qui connaît d'abord un succès mondain avant d'affirmer, au début des années 1950, un style délibérément pratique et contemporain. Ses modèles, construits avec des matériaux solides et bon marché comme le métal ou le Formica, équiperont notamment la résidence universitaire d'Antony et les bureaux de La Poste.

OBJETS À CHINER TRÈS VITE !

Pour réussir votre déco industrielle, ouvrez l'œil sur les objets portant les traces d'un âpre vécu et racontant une histoire… Les plus belles pièces sont onéreuses, mais souvent restaurées avec le plus grand soin par les brocanteurs spécialisés. Vous ferez aussi d'étonnantes découvertes dans les vide-greniers et quelquefois même dans la rue, lors du ramassage des encombrants… Quel que soit votre budget, pensez toujours à détourner ou à décaler ces objets pour leur donner une nouvelle vie !

LAMPES ARTICULÉES, APPLIQUES ET SUSPENSIONS INDUSTRIELLES

► Les lampes d'architecte sur bras ou pieds articulés.
► Les suspensions d'usine en forme de cloche ou de champignon.
► Les projecteurs de cinéma à poser ou sur pied.
► Les lampes techniques d'orfèvre.
► Les scialytiques de chirurgien.
► Les lampes de carrossier.

Les noms à retenir :
Anglepoise Cawardine, Artemide, BBT, Bucquet, Cremer, Fortuny, Gras, Holophane, Jieldé, Jumo, Lita, Mazda, Mouille, RG Levallois, Sammode…

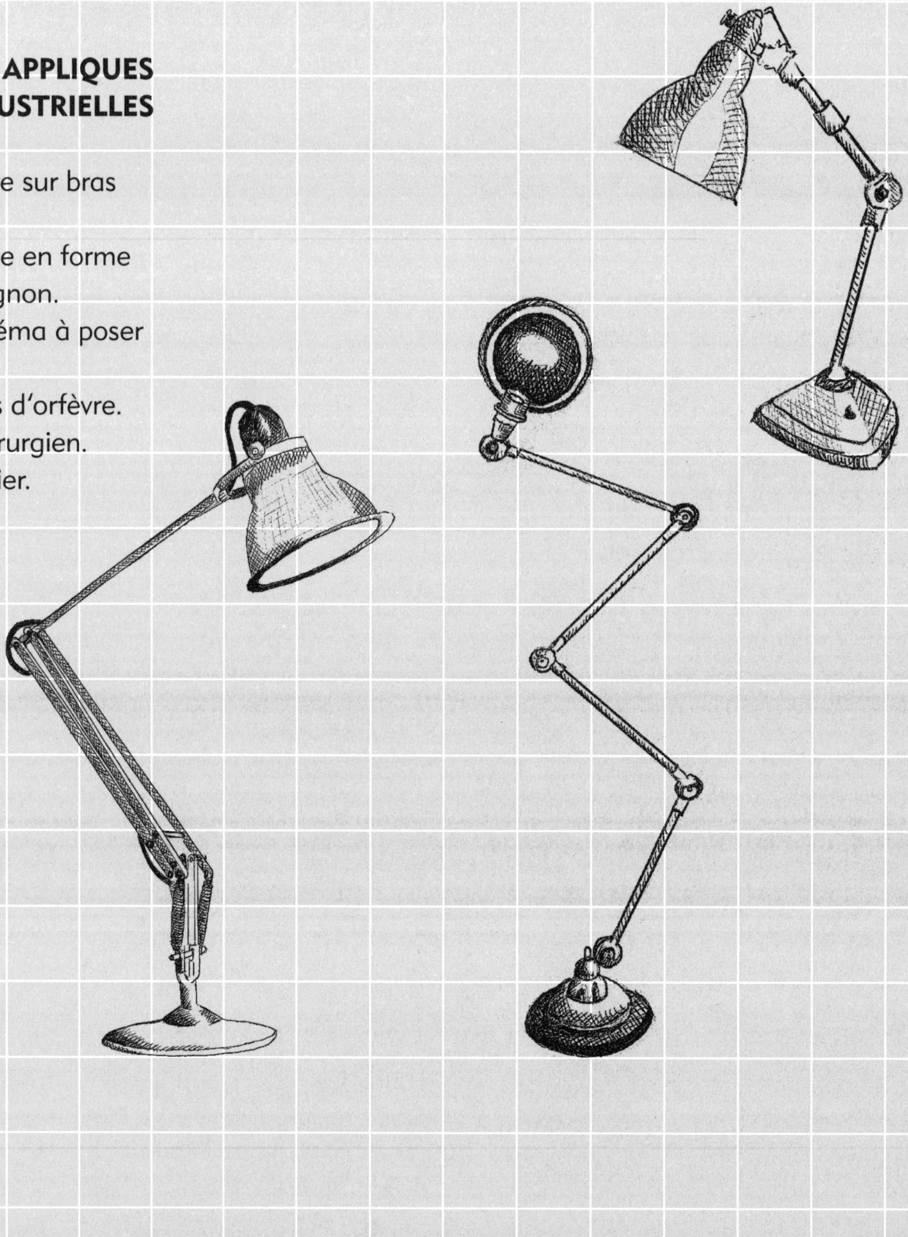

OBJETS DE DÉCORATION

► Les lettres d'enseignes en métal dépareillées.
► Les enseignes de tabac en forme de carotte.
► Les carafes et cendriers publicitaires émaillés ou sérigraphiés.
► Les poulies, rotules et mécaniques patinées par la rouille.
► Les fragiles carafes en verre soufflé italien.
► Les objets sportifs anciens en cuir, en métal ou en bois.
► Les pampilles de lustres en verre blanc.
► Les jouets rétro en tôle.
► Les têtes et mannequins de vitrine en bois, en tôle ou en plâtre peint.
► Les miroirs bombés ronds de sorcière.
► Les juke-box, baby-foot, billards, flippers et les jeux de café anciens.
► Les objets publicitaires industriels comme le Bibendum Michelin.
► Les présentoirs de cartes postales en métal.
► Les barres et crochets de boucher ou de charcutier.
► Les lithographies publicitaires sur plaque de tôle émaillée.
► Les objets de signalisation urbains, anciens feux piétons.
► Les vieux mécanismes de l'aéronautique ou de l'automobile.

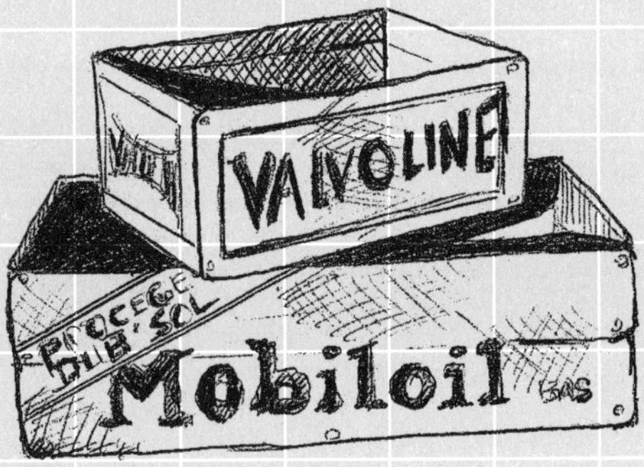

► Les casiers d'atelier ou d'usine, en métal ou en bois.
► Les bustes de couturière sur pied ou à poser.
► Les têtes à chapeaux et les moules de gantiers.
► Les colonnes à essence.

Les noms à retenir : Castrol, Chanteclerc, Citroën, Michelin, Mobiloil, Motobecane, Motul, Siegel & Stockman, Ricard...

HORLOGES ÉLECTRIQUES DE COLLECTIVITÉS

Rondes ou octogonales et surdimensionnées, elles portent quelquefois le nom de l'usine qu'elles équipaient.

Les noms à retenir : Ato, Brillié, Deho, Garnier, Lambert, Lepaute, ...

LE CABINET DE CURIOSITÉ

- Les mappemondes et les affiches scolaires ou médicales anciennes.
- Les matières d'origine animale (corne, cuir et peau).
- Les plantes séchées XXL.
- Les collections de flacons de laboratoire en verre blanc.
- Les instruments de médecine anciens.
- Les études académiques en plâtre des Beaux-Arts.
- Les cages à oiseaux en fer du début du siècle.
- Les enseignes de boucherie : têtes de cheval, de porc, de bœuf ou de bélier.
- Les gargouilles.
- Les antiquités ethniques.
- Les daguerréotypes coquins ou burlesques.

Les noms à retenir : Armand Colin, Deyrolle, Lebègue, MDI, Nathan, Rossignol, Vidal Lablache…

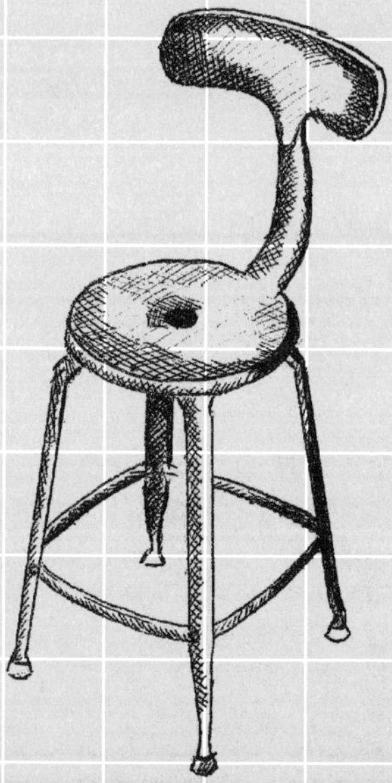

LES OBJETS TECHNIQUES

- Les gros fusibles, bobines et accessoires électriques d'usine.
- Les matrices de fonderie d'objets usuels.
- Les instruments scientifiques ou marins.

Les noms à retenir : Butterfield, Guichard, Negus, Richet…

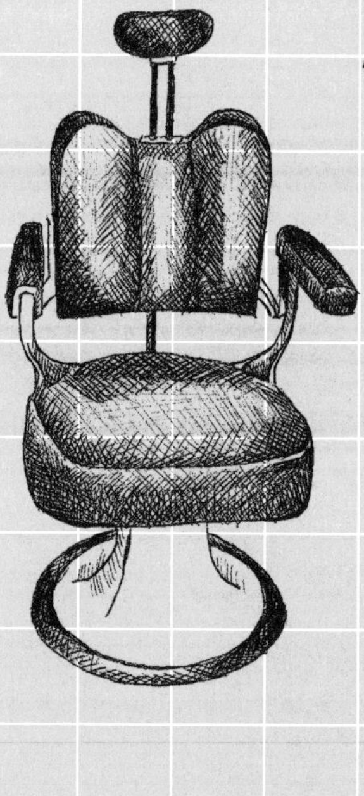

MOBILIER D'USINE, D'ATELIER OU DE BUREAU

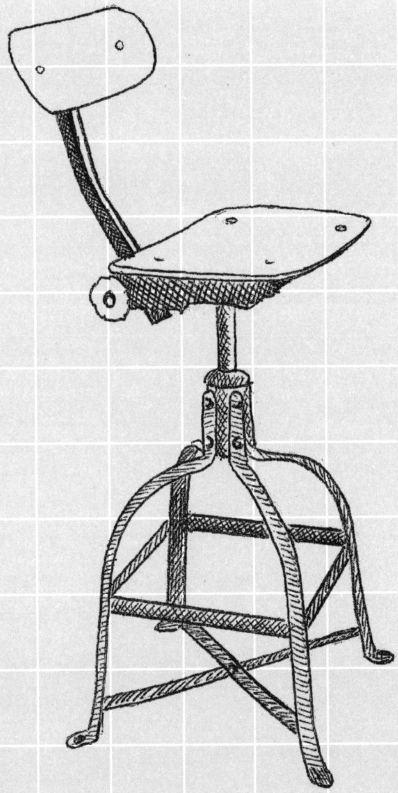

- Les chaises et chauffeuses empilables en tôle.
- Les chaises d'atelier « haricot » en tôle des années 1960.
- Les chaises et tables de bureau en métal.
- Les fauteuils rotatifs en bois des années 1930, d'origine américaine.
- Les tabourets d'étude réglables avec un pied métal et une assise rotative en bois.
- Les chaises sur roulettes, à hauteur réglable avec un dossier basculant.
- Les fauteuils de barbier et de cinéma.
- Les étagères de tri postal et leur tabouret escamotable.
- Les vestiaires d'usine.
- Les tables de drapier.
- Les tables à dessin, réglables en hauteur avec un pied hydraulique.

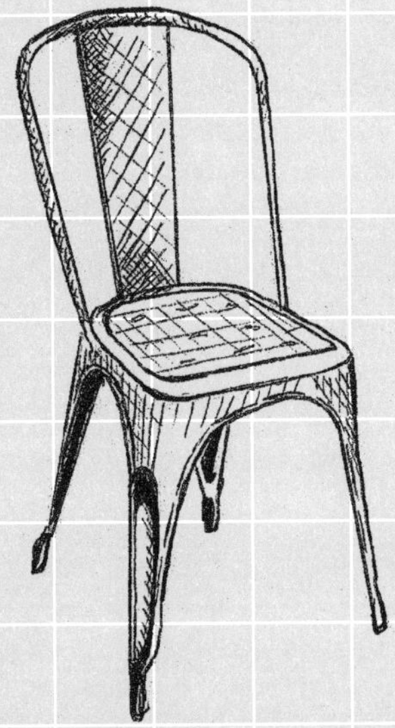

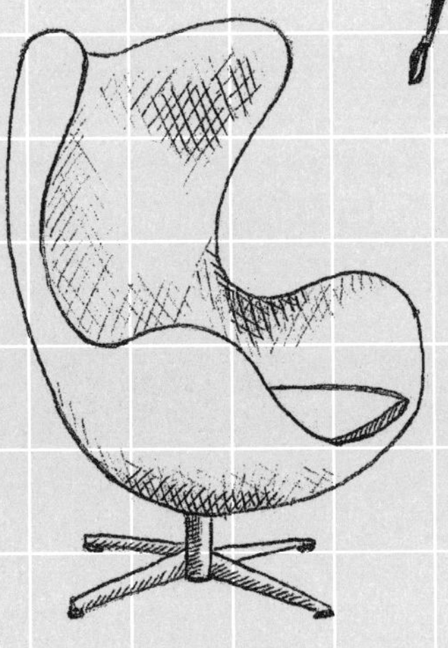

- Les bureaux en bois et en métal de l'administration.
- Les meubles administratifs en métal.
- Les meubles à classeurs, à rideaux ou à tiroirs.
- Les étagères de stockage de sécurité en aluminium.
- Les vitrines médicales.
- Les tables et tabourets de cantine militaire.
- Les paillasses de laboratoire.
- Les établis de mécanicien ou d'orfèvre.
- Les comptoirs de bistrot.
- Les guichets de banque.
- Les panières à roulettes et chariots de mine.

Les noms à retenir : Bienaise, Flambo, GDB Alcopa, Hansen, Kartell, Manufrance, Manutan, Herman Miller, Pauchard, Ronéo, Singer, Standard, Strafor, Thonet, Tolix, Vitra…

QUELQUES CONSEILS DE BRICOLAGE

Quelques idées et recettes pour personnaliser votre intérieur dans le style industriel, sans oublier les recommandations d'usage… Les produits utilisés ci-après sont souvent dangereux. Il est donc impératif d'ouvrir les fenêtres pour une parfaite aération et de bien se protéger par le port de manches longues, de gants en caoutchouc, d'un masque et de lunettes de protection.

ACIER BLEU NUIT

Voici la recette de Cédric Gidoin, créateur de mobilier en acier et bois, pour obtenir un bel acier anthracite :
Décapez l'acier à la meuleuse, puis éliminez les traces du décapage avec du papier de verre de plus en plus fin, en mouillant la surface à polir jusqu'à obtention d'une surface parfaitement lisse.
Avec une éponge, passez de l'acétone. Une fois la surface dégraissée, appliquez une couche d'hématite (brunisseur) et rincez à l'eau. On protège avec un vernis monocomposant ou par un glacis à l'huile de lin (1/3 d'huile, 2/3 de térébenthine plus 4 à 7 % de Sicatif). On peut aussi protéger les petites surfaces d'acier avec de l'huile de jade, magnifique, mais très onéreuse.

ENTRETENIR LES MÉTAUX

► Faire les cuivres : portez à ébullition 1 litre de vinaigre blanc avec 2 grosses cuillerées à soupe de gros sel. Badigeonnez les objets à nettoyer, puis rincez-les à l'eau chaude. Terminez en les astiquant avec un chiffon.
► Nettoyer l'inox en douceur : utilisez une éponge trempée dans une solution composée à parts égales d'eau tiède et de vinaigre blanc. Essuyez rapidement la surface avec un chiffon doux. On peut aussi le frotter avec une pomme de terre coupée en deux, puis le lustrer avec un chiffon doux.
► Conserver le bel aspect argenté clair du zinc : nettoyez la surface avec la face dure d'une éponge et du vinaigre blanc, puis rincez et enduisez d'une couche de savon noir.
► Noircir et entretenir la fonte : passez un bon coup de laine d'acier, dépoussiérez avec un chiffon, puis appliquez une couche de cire noire et astiquez. La fonte absorbe les corps gras du cirage, il n'y a donc aucun risque de se tâcher par la suite.

OXYDER LE MÉTAL

Diluez 30 % d'esprit de sel (acide chlorhydrique) dans 70 % d'eau. Badigeonnez la surface de cette solution, puis laissez sécher à l'air libre. Recommencez l'opération jusqu'à obtention de l'effet escompté, puis stabilisez avec de l'huile de lin.
Attention : l'acide chlorhydrique est dangereux. Portez des lunettes de protection et des gants, et veillez à verser l'acide dans l'eau et non l'inverse qui provoquerait une forte réaction chimique.

OÙ TROUVER DES RECETTES POUR COLORER LES MÉTAUX ?

Écrit dans les années 1930, ce livre très complet est indispensable pour tout savoir sur les techniques de coloration des métaux : bronzage, patinage, oxydation, marbrage, irisation… : *La coloration des métaux* de Jacques Michel, aux éditions Jean-Cyrille Godefroy.

RECETTE DE PEINTURE À L'ANCIENNE

Pomme de terre, huile d'olive, fromage blanc… Cuisinez vous-même des peintures économiques et écologiques parfaites à appliquer sur le plâtre, le bois ou la brique ! Vous trouverez les recettes et de très bons conseils pratiques pour préparer vos peintures et vernis sur ce site très écologique et créatif : http://www.espritcabane.com

ÉCLAIRCIR LE BOIS

Commencez toujours par décaper le bois par un bon ponçage suivi d'un méticuleux dépoussiérage.

► Pour les bois résineux : nettoyez avec une eau fortement javellisée. Mais attention : elle brûle la fibre du bois et le vieillit prématurément, soyez donc sûr de l'effet recherché !

► Pour les bois non résineux :
• Avec du sel d'oseille :
Faites dissoudre 100 g de sel d'oseille (acide oxalique) dans 1/2 litre d'eau chaude et badigeonnez le bois avec un pinceau en nylon ou une éponge. Laissez le produit agir pendant deux heures et rincez à l'eau claire. Laissez sécher une journée, puis nettoyez avec une solution d'eau additionnée de 10 % d'alcool à brûler.
• Avec de l'eau oxygénée :
Attention, si vous préparez une surface ainsi, l'application d'un vernis à base de polyuréthane sera impossible.
Mélangez dans un récipient non métallique 90 % d'eau oxygénée à 130 volumes (très corrosive et à se procurer en droguerie) et 10 % d'ammoniaque. Badigeonnez le bois de ce mélange avec un pinceau en nylon ou une éponge. Rincez à l'eau claire. Laissez sécher une journée, puis nettoyez avec une solution d'eau additionnée de 10 % d'alcool à brûler.

UN POSTER MONUMENTAL

Chez un imprimeur numérique, faites reproduire une photographie, un dessin ou un collage de votre choix en très grand format sur du papier de plan d'architecte. Collez ce poster monumental directement sur le mur avec de la colle à papier peint. Renouvelez les images selon vos envies, saisons ou évènements de votre vie !
La technique d'impression numérique permet également une reproduction sur de grands panneaux tissés à suspendre. Vous pouvez aussi utiliser un logiciel de calcul (de type Rasterbator®) pour agrandir vos photos et les imprimer par morceaux sur des feuilles en format A4 et recomposer ensuite l'image.

DÉCO TYPOS

Un vaste choix de typos de style rétro pour réaliser pochoirs et stickers sont à télécharger gratuitement pour un usage personnel sur le site www.dafont.com

CARNET D'ADRESSES

Une liste d'adresses non exhaustive, car le style industriel fait de plus en plus d'émules…

UN CHANTIER EN VUE ?

► Deux jeunes architectes, une conductrice de chantier et une décoratrice qui manient le style industriel avec talent : Vladimir a construit sa maison lui-même dans un style industriel et design, et c'est bluffant :

Vladimir Doray
19, rue de la Chapelle
75018 Paris
Tél. : 06 60 63 85 83
Mail : vladimir@doray.net
www.delespace.com

► Transformer un banal petit trois pièces en un loft clair, moderne mais cosy, c'est le pari réussi d'un architecte préoccupé par l'harmonie des couleurs douces et subtiles :

Philippe Harden
7, rue de Crimée
75019 Paris
Tél. : 01 42 02 72 59
Mail : contact@philippeharden.com
www.philippeharden.com

► Pour éviter les mauvaises surprises, cette conductrice de chantier vous conseille et suit votre projet de rénovation, de la conception à la livraison :

Karine Hertz
13, rue Pasteur
75011 Paris
Tél. : 06 76 20 90 99

► Valérie Escanez-Guitton est une décoratrice passionnée du style indus :

VEG Déco
26, rue des Petites-Écuries
75010 Paris
Tél. : 06 22 16 02 78
Mail : veg@neuf.fr
www.vegdeco.com

PROFESSIONNELS ET COLLECTIVITÉS

► Ces adresses sont réservées aux professionnels, mais vous pouvez trouver des idées intéressantes sur leurs sites web à transmettre à votre architecte ou à votre entrepreneur…

► Banc design en béton, chaises scolaires en bois, auges en acier galvanisé, réalisez toutes vos idées de détournement avec des milliers d'articles professionnels en adressant votre commande en VPC à cette centrale d'achat :

Techni Contact
253, rue Gallieni
92100 Boulogne-Billancourt
Tél. : 01 55 60 29 29
www.techni-contact.com

► Auges, abreuvoirs et bacs en acier galvanisé ou acier inox sont fabriqués par une société centenaire de chaudronnerie industrielle :

Ronot
25, rue Jeanne-d'Arc
52115 Saint-Dizier Cedex
Tél. : 03 25 56 54 36
www.ronot.fr

► Tous les matériaux innovants, sélectionnés par thème :

Matério show-room
15, square de Vergennes
75015 Paris
Tél. : 01 56 23 20 00
www.materio.com (sur abonnement)

► Magasin de mobilier pour cafés, hôtels, restaurants, brasseries :

Vi Équipement
77-79, avenue Jean-Mermoz
93120 La Courneuve
Tél. : 01 48 33 10 10
Mail : contact@viequipement.com
www.viequipement.com

► Des sites de vente par correspondance pour trouver luminaires, meubles et rangements de collectivités :
www.ateliersssystem.com
www.logismarket.fr

MATIÈRES ET MATÉRIAUX

► Bricolage, matériaux et outillage :

B.H.V.
Tél. : 01 42 74 90 00
Liste des magasins sur
www.bhv.fr

Castorama
Tél. : 0 810 104 104
Liste des magasins sur
www.castorama.fr

Ikéa
Tél. : 0 825 826 826
Liste des magasins sur
www.ikea.fr

Leroy Merlin
Tél. : 0 810 634 634
Liste des magasins sur
www.leroymerlin.fr

Monsieur Bricolage
Liste des magasins sur
www.mr-bricolage.fr

Point P
Liste des magasins sur
www.pointp.fr

► Tout rénover sans se ruiner, voilà la devise de l'enseigne préférée des lofteurs du Nord, aussi implantée dans l'Eure :

Sainthimat
7, rue des Joncs-Marins
27600 Gaillon
Tél. : 02 32 77 45 45
Mail : gaillon@sainthimat.com
www.sainthimat.com

► Récupération de matériaux de construction, portes, fenêtres, poutres, parquets, radiateurs, bois de charpente, parquets, éléments de ferronnerie et balcons :

Dussel démolition
43, avenue Gambetta
94700 Maisons-Alfort
Tél. : 01 43 68 12 15
Mail : contact@dussel-demolition.com
www.dussel-demolition.com

► Récupération de matériaux anciens :

Toury
171, rue de Bezons
78420 Carrières-sur-Seine
Tél. : 01 39 14 09 00
www.toury.anciens.free.fr

► Travaillés de manière traditionnelle ou moderne, choisissez l'étain et le zinc pour vos comptoirs, crédences ou plans de travail :

Les Étains de Lyon
Le Carré de Soie
4, allée du Textile
69120 Vaulx-en-Velin
Tél. : 04 37 43 61 86
Mail : contact@lesetainsdelyon.com
www.lesetainsdelyon.com

► Crédences, plans de travail, habillage de meubles et de murs, le tout en inox et sur mesure :

Collaborative Steel
14, rue Le Bastard
35000 Rennes
Tél. : 06 99 65 30 50
Mail : info@costeel.fr
www.credence-inox.fr

► Travail contemporain et artisanal du bois, du béton et du métal pour tous vos aménagements d'intérieur, le mobilier et les objets de décoration :

Monolithe Création
Petit Rochefort
38760 Varces
Tél. : 06 75 03 65 96
contact@monolithe-creation.com
www.monolithe-creation.com

► Une décoratrice et créatrice de mobilier, fondue de métal :

Chantal Peyrat
Zone maritime de l'Étang de Thau
34450 Balaruc-les-Bains
Tél. : 04 67 80 06 45
Mail : info@chantalpeyrat.com
www.chantalpeyrat.com

► Tôles décoratives, toiles métalliques, roulettes et plastiques, l'antre du décorateur bricoleur averti :

Weber Métaux
66, rue de Turenne
75003 Paris
Tél. : 01 46 72 34 00
Mail : info@weber-metaux.com
www.weber-france.com

► Détournement et accumulation, c'est le détail qui compte !
On trouvera de nouvelles idées décoratives dans cette belle quincaillerie traditionnelle :

Lejeune Frères
209, rue du Faubourg-Saint-Antoine
75011 Paris
Tél. : 01 43 72 27 37
Mail : lejeunefreres@free.fr

► Une autre très ancienne quincaillerie fondée en 1873 :

Au Progrès
11 bis, rue Faidherbe
75011 Paris
Tél. : 01 43 71 70 61
www.auprogres.net

► Façonnage sur mesure pour toutes vos envies de déco en zinc :

Arzinc
Francis Arsène
84, rue de la Chapelle
75018 Paris
Tél. : 01 40 09 74 46
Mail : arszinc@aol.com
www.arszinc.com

► Conception de tous vos besoins en mobilier, huisserie d'atelier et agencement en bois et métal, du sur mesure pour les pros et les particuliers par un jeune serrurier créatif :

Atelier Cédric Gidoin
109, rue de la Réunion
75020 Paris
Tél. : 06 62 18 64 01

► Une large gamme de parquets en bois et location de matériel spécialisé pour l'entretien :

Émois et Bois
56, rue de Cambronne
75015 Paris
Tél. : 01 40 65 91 90
www.emoisetbois.com

► Traitement du bois par imprégnation d'une huile végétale anti-termites mais non toxique :

Richomme Technobois
9, rue des Rigondais
BP65 44130 Blain
Tél. : 02 40 79 00 64
Mail : contact@richomme.fr
www.technobois.fr

► Authentique et brut de brut, le bois de construction taillé à la hache :

Alizé
117, rue Pouilly-Vinzelles
71000 Mâcon
Tél. : 03 85 20 54 15
www.artepy.fr

► Un parfum d'ailleurs avec les parquets en bambou brut :

Bamboutech
Le Michard
38440 Moidieu
Tél. : 04 74 58 18 49
Mail : siebert@bamboutech.com
www.bamboutech.com

► Le spécialiste des structures en fer et en verre, planchers, escaliers, portes et vérandas :

Ferverre
24, avenue des Charmilles
93160 Noisy-le-Grand
Tél. : 01 43 77 10 23
www.ferverre.com

► Tous les produits et adjuvants pour béton, toutes les techniques nouvelles des sols d'intérieur et extérieur en béton teinté :

Francomix
ZI de l'Aspre
30150 Roquemaure
Tél. : 04 66 39 56 35
Mail : info@francomix-industrie.com
www.francomix-industrie.com

► Mobilier réalisé sur mesure, et en béton allégé pour la salle de bains et la cuisine :

La Compagnie des Arts
2, route de Toucheronde
Le Ridereau
49800 Andard
Tél. : 02 44 61 21 41
www.beton-lcda.com

► Du sol au plafond, un autre spécialiste du béton :

1.2.3. Matières
123, avenue Daumesnil
75012 Paris
Tél. : 01 44 74 01 05
www.viaduc-des-arts.com

► Béton ciré, chaux, argile, pisé, stucco, marmorino, tadelakt… par un artisan certifié Qualibat :

Arts des Matières
Centre commercial La Vigie
1, petite rue de l'Industrie
67118 Geispolsheim
Tél. : 03 88 27 19 19
Mail : contact@artsdesmatieres.com
www.artsdesmatieres.com

► Une décoratrice passionnée par les enduits décoratifs et le béton d'intérieur :

Marylène Tortora
84, avenue du Prado
13006 Marseille
Tél. : 04 91 37 46 23

► Si on est bon bricoleur, tout le nécessaire pour réaliser soi-même les enduits en béton décoratif :

Mercadier
16, passage du Chantier
75012 Paris
Tél. : 01 49 28 97 53
www.beton-cire-decoration.com

► Minéral, végétal, artisanal, un show-room de matériaux de surfaces très complet à découvrir chez cette agence d'architecture intérieure :

Matières
114, rue de la Porte-Jaune
92210 Saint-Cloud
Tél. : 01 46 02 50 42
Mail : contact@matieres.com
www.matieres.com

► Le bon plan des fins de séries : sisal, jonc de mer, lino, faux gazon, moquettes, dalles et tapis :

Décorasol
118, avenue Ledru-Rollin
75011 Paris
Tél. : 01 43 57 44 68
www.decorasol.fr

► Un petit tour chez ce spécialiste de la roulette industrielle et ça roule pour tous vos meubles :

Paris Roulettes
61, avenue Parmentier
75011 Paris
Tél. : 01 47 00 53 32
www.parisroulettes.fr

► Des sociétés qui décapent :

Société Dyonisienne de Sablage et d'Émaillage
19, rue des Fillettes
93210 La Plaine-Saint-Denis
Tél. : 01 41 62 15 15
Mail : contact@sdse.fr
www.sdse.fr

A.T.S (Atelier Traitement Surfaces)
205, boulevard T. Aubanel
84260 Sarrians
Tél. : 04 90 65 49 70
Mail : contact@ateliersablage.com
www.ateliersablage.com

Décap'Net
12, rue des Forges
39700 Dampierre
Tél. : 03 84 71 12 94

Métalboi
Liste des magasins sur
www.metalboi.fr

Decap'Ouest
Liste des magasins sur
www.decap-ouest.com

Ile-de-France Décapage
Liste des magasins sur
www.idf-decapage.com

CARRELAGE ET SALLE DE BAINS

► L'hypermarché de la salle de bains, tous styles pour tous budgets :

Aquamondo
ZAC de la Croix Blanche
91705 Fleury-Mérogis
Tél. : 01 69 51 83 40
Liste des magasins sur
www.aquamondo.fr

► Un très large choix de références carrelages et sanitaires :

Dimension Carrelage
29-33, rue Victor-Hugo
93500 Pantin
Tél. : 01 49 15 90 60

► Réalisation et mobilier de salle de bains :

B'Bath
108 bis, rue du Cherche-Midi
75006 Paris
Tél. : 01 53 63 17 00
www.bbath.fr

► Les beaux carrelages :

S'Tiles
91-93, quai Panhard-et-Levassor
75013 Paris
Tél. : 01 53 61 40 90
www.stiles.fr

► Du sur mesure pour vasques et plans de travail bruts en marbre ou granit :

Marbrerie Manastay
Chemin du Cimetière
13160 Châteaurenard
Tél. : 04 90 94 03 08

► Oh ! Les beaux carreaux !

Surface
43, rue de Verneuil
75007 Paris
Tél. : 01 42 60 35 90
www.surface.fr

CUISINE

► Lignes massives et épurées pour des éléments de cuisine fonctionnels et techniques :

Bulthaup Bastille Création
64, avenue Ledru-Rollin
75012 Paris
Tél. : 01 56 90 19 12
Mail : bastille.creation@free.fr
www.bastillecreation.bulthaup.com

► De l'inox et des articles de collectivité pour la cuisine et la salle de bains, baignoire, vasque, plonge, lavabo, robinetterie :

Franke Blinox
54, route de Brignais
CD42
69630 Chaponost
Tél. : 04 78 56 33 33
www.blinox.fr

► L'électroménager au look rétro :

Smeg
www.smeg.fr

► Des poubelles intelligentes, belles et solides :

Brabantia
www.brabantia.com

► Glacière en bois, piano et batterie de cuisine, billot de boucher et tout l'équipement :

Bellynck & Fils
194, avenue Jean-Jaurès
75019 Paris
Tél. : 01 42 08 16 75
www.bellyncketfils.com

► Tout le matériel pour une cuisine professionnelle :

Restomat
147, rue de Bagnolet
75020 Paris
Tél. : 01 40 30 00 70

CHAUFFAGE

► La plupart des grandes marques de bricolage proposent maintenant des radiateurs en métal au design innovant, n'hésitez pas à consulter leur catalogue en ligne…

Le spécialiste des radiateurs en fonte, pièces d'époque rénovées ou rééditions d'excellente facture :

Alphamétal Recyclage
6, rue Michelet
93100 Montreuil
Tél. : 01 48 57 34 34
Mail : infos@radiateurfonte.com

► L'importateur des radiateurs anglais :

Bisque Radiators
Équip'design
117, rue de Langon
« La Tricanderie »
41200 Romorantin-Lanthenay
Tél. : 02 54 76 85 19
Mail : nathalie@equip-design.net

► Radiateurs d'exception :

Zehnder
44, rue Lamarck
75018 Paris
Tél. : 01 42 57 11 25
www.zehnder.fr

► Très belle gamme de radiateurs au look industriel :

www.acova.fr

MOBILIER INSPIRÉ

► Objets et meubles d'inspiration industrielle sont sélectionnés par cette e-boutique pointue :

Loftboutik
www.loftboutik.com

► Réédition de meubles et d'accessoires de style industriel, au goût du jour et bon marché en VPC :

A.M/P.M
www.ampm.fr

► Le mobilier professionnel enfin accessible aux particuliers ! Tabourets, chaises, fauteuils, tables… Et bien d'autres produits introuvables dans les grandes surfaces !

www.mobilier-pro.fr

► Un ferronnier qui place l'accumulation et la répétition de formes géométriques au cœur de sa création de mobilier contemporain, simple et vraiment moderne :

Stéphane Ducatteau
13, route de Breteuil
27180 Arnières-sur-Iton
Tél. : 02 32 34 63 22
www.stephane-ducatteau.com

► Une enseigne d'ameublement économique qui fait des étincelles :

Fly
www.flymeubles.com

► Du béton et du design pour du mobilier contemporain d'exception : Show-room sur rendez-vous uniquement

Atelier Taporo
16, rue du Général-Foy
75008 Paris
Tél. : 06 79 47 74 05
Mail : contact@taporo.com
www.taporo.com

► L'incontournable éditeur de mobilier contemporain en plastique :

Kartell
242, boulevard Saint-Germain
75007 Paris
Tél. : 01 45 48 68 37
Liste de points de vente partout en France sur www.kartell.it

► Osier, plastique, rétro, design, du plus classique au plus contemporain, le spécialiste des tables hautes, mange-debout, chaises et tabourets de bar :

4 Pieds
234, boulevard du Havre
95228 Herblay
Tél. : 01 30 26 02 51
www.4-pieds.com

► Envie d'un repas de famille autour d'une table surdimensionnée ? Le spécialiste belge des tables sur mesure :

Heerenhuis
Industrieweg 22 B
2630 Aartselaar
Belgique
Tél. : +32 (0) 3 238 66 03
Mail : info@heerenhuis.be
www.heerenhuis.be

► Meubles de métier et luminaires :

Déco room
14, rue Saint-Laurent
14000 Caen
Tél. : 02.31.38.99.62
Mail : contact@deco-room.com
www.deco-room.com

► Quatre belles adresses de réédition de meubles de métier et de bistrot :

Félix Monge show-room
6 bis, rue de Châtillon
75014 Paris
Tél. : 02 43 89 03 97
(sur rendez-vous)

Maison Strosser
85, avenue Ledru-Rollin
75012 Paris
Tél. : 01 43 43 28 76
www.maisonstrosser.com

Au Bon pin
Stand A6/A9
1, rue du Canal
69100 Villeurbanne
Tél. : 06 62 28 53 92
www.aubonpin.com

Tasselli
58, boulevard Fifi-Turin
13010 Marseille
Tél. : 04 91 78 81 92
www.produceofmarseilles.fr

► Du sur mesure très abordable pour vos matelas, housses, rideaux…

Le Façonnier
10, rue de Charonne
75011 Paris
Tél. : 01 43 57 65 39

LUMIÈRE !

► Un large choix de luminaires contemporains et tout le matériel électrique :

Bazar de l'Électricité
34, boulevard Henri-IV
75004 Paris
Tél. : 01 48 87 16 76

► Pour trouver la liste des revendeurs de la star des lampes articulée à usage professionnel :

Jielde
www.jielde.com

► Un site indispensable pour tout savoir sur la lumière tubulaire :

www.français.solatube.eu

► Les interrupteurs en métal surdimensionnés :

Meljac
1, rue Bargue
75015 Paris
Tél. : 01 40 61 08 43
www.meljac.fr

► Néon, caissons lumineux, calicots, panneaux, banderoles, sérigraphie numérique :

Le Relief de votre image
187, boulevard Voltaire
75011 Paris
Tél. : 01 43 48 53 92
Mail : decograph2@wanadoo.fr

► Lampes et objets lumineux travaillés à partir de matériaux de récupération :

Vénus Debarge
Sébastien Vergnaud
28, avenue de la Résistance
93100 Montreuil
Tél. : 06 11 68 48 96
Mail : sebvergnaud@wanadoo.fr

► Une créatrice qui recycle et détourne des objets métalliques pour leur donner une nouvelle vie curieuse et lumineuse :

Angèle Riguidel
3, impasse du Vieux-Chemin
27930 Dardez
Tél. : 02 76 55 32 34
Mail : contact@angele-riguidel.com
www.angele-riguidel.com

► Zinc, rouille, typos et plexi en fusion composent d'étonnantes œuvres brutes sublimées par d'ingénieux systèmes lumineux :

Julie Guehria
54, rue Voltaire
93100 Montreuil
Tél. : 01 49 88 16 33
Mail : julie@guehria.com

BROCANTES

► Ayez l'œil : malgré les on-dit, les belles trouvailles se dénichent souvent au hasard des brocantes et vide-greniers.
Bonnes adresses et agenda des événements :
www.mabrocante.com

► La boutique de référence pour les très belles antiquités industrielles :

La Boutique d'Archéologie industrielle
Jérôme Lepert
106, rue Vieille-du-Temple
75003 Paris
Du mardi au samedi
11h30 à 13h et 15h à 19h

▶ Beaucoup d'horloges surdimensionnées et de lampes rares chez ce très sympathique passionné :

ZUT ! Frédéric Daniel antiquités
9, rue Ravignan
75018 Paris
Tél. : 01 42 59 69 68
Mail : fdantic@tiscali.fr
www.antiquites-industrielles.com

▶ La brocante industrielle de référence installée dans l'ancien atelier d'un repousseur de métal :

Atelier 154
154, rue Oberkampf
75011 Paris
Tél. : 06 62 32 79 06
www.atelier154.com

▶ Une touche imaginative, poétique et moderne pour une boutique de déco spécialisée indus, le coup de cœur de l'auteur :

Carouche
18, rue Jean-Macé
75011 Paris
Tél. : 01.43.73.53.03
http://carouche.typepad.com

▶ Décoration d'hier + ambiance d'aujourd'hui = une petite brocante industrielle colorée et très abordable ; pourvu que ça dure !

Rêves et tendances
81, rue de Montreuil
75011 Paris
Tél. : 01 43 67 30 11
Mail : reves.et.tendances@orange.fr
www.reves-et-tendances.com

▶ Une adresse incontournable pour tous les objets rétro bistrot :

Broc2bars
11, rue de Chanzy
75011 Paris
Tél. : 01 43 79 47 46
/ 06 09 31 63 24

▶ Une autre adresse pour les objets rétro bistrot et une jolie sélection d'objets des années 1950 :

Et puis c'est tout !
72, rue des Martyrs
75018 Paris
Tél. : 01 40 23 94 02

▶ Bars et arrière-bars, verriers, glacières, tables, chaises et objets de réclame :

Émail et puce
Puces de Saint-Ouen
Marché Malassis
Stand 87/88
Tél. : 01 40 10 14 29

▶ Ancien mobilier de café, comptoirs de bistrot, meubles de métier, une adresse terrible pour les passionnés du style bistrot :

Décobistrot
3, avenue du Clos-Mouron
71700 Tournus
Tél. : 03 85 32 10 52
Mail : info@decobistrot.com
www.decobistrot.com

▶ Brocante industrielle et atelier de création de céramique font heureux ménage dans cette charmante boutique :

Yonoil
28, rue Durantin
75018 Paris
Tél. : 06 10 08 43 66

▶ Beaucoup de métal pour un grand choix de mobilier du xxe siècle, de luminaires et d'objets de décoration de 1930 à nos jours :

Complément d'Objets
11, rue Jean-Pierre-Timbaud
75011 Paris
Tél. : 01 43 57 09 28

▶ Fauteuils club, horloges et sièges d'atelier :

Il est toujours joli le temps passé
Marché Vernaison
Rue des Rosiers
93400 Saint-Ouen
Tél. : 01 30 32 90 16
/ 06 10 86 05 62

▶ Le spécialiste des meubles de métier et d'industrie d'époque :

Les Nouveaux Brocanteurs
935, rue de Paris
60520 La Chapelle-en-Serval
Tél. : 06 62 75 64 85
www.lesnouveauxbrocanteurs.com

▶ Mobilier de métier chiné dans le monde entier et restauré par une ancienne assistante de commissaire-priseur :

Atelier Agape
91, avenue Jean-Baptiste-Clément
92100 Boulogne-Billancourt
Tél. : 01 47 12 04 88
www.agapedeco.com

▶ En cherchant bien on trouve son bonheur dans ce grand entrepôt qui recèle du mobilier de bureau facile à réhabiliter :

Tmbo
19, rue Saint-Just
93100 Montreuil
Tél. : 01 48 57 02 44

▶ Deux très belles boutiques jumelées pour le plus grand plaisir des chineurs (meubles de métier, luminaires et objets insolites) :

Troll et Puces
1, rue du Marché-Popincourt
75011 Paris
Tél. : 01 43 14 60 00

Belle Lurette
5, rue du Marché-Popincourt
75011 Paris
Tél. : 01 43 38 67 39

▶ Une brocante rigolote spécialisée dans le mobilier et les objets de la cuisine :

Alasinglinglin
14, rue Ternaux
75011 Paris
Tél. : 01 43 38 45 54

► Kitch et Formica, une bonne adresse pour le style 1950 :

La Maison
3, rue Neuve-Popincourt
75011 Paris
Tél. : 01 48 06 59 47

► Élégance et sobriété des lignes et des matières pour une brocante dédiée au design des années 1950 à 1980 :

Les Temps modernes
2, rue Théophile-Roussel
75012 Paris
Tél. : 06 26 12 37 41
/ 06 11 60 30 03

► Toute la récup' militaire :

Yoming
95, rue Nollet
75017 Paris
Tél. : 01 46 27 76 97
www.yoming.fr

► Meubles de métier, ex-voto, objets de curiosités et beaucoup de très belles cloches en verre pour exposer tout ce qui est fragile :

L'Objet qui parle
86, rue des Martyrs
75018 Paris

► Une très belle adresse pour mixer baroque, industriel et objets d'âme :

Antiquités curiosités
62, boulevard de Ménilmontant
75020 Paris
Tél. : 06 83 12 70 75

► Le stand de Nicole regorge de trouvailles métalliques abordables !

Les Puces de Vanves
Avenue Marc Sangnier et avenue Georges Lafenestre
75014 Paris
Tél. : 06 72 77 55 61

► Pièces rares pour collectionneurs avertis, un petit tour aux puces de Saint-Ouen s'impose :

Entre ciel et mer
Marché Paul Bert
Allée 2, stand 123
93400 Saint-Ouen
Tél. : 06 07 40 68 31
Mail : entre.ciel.et.mer@wanadoo.fr

Gilles et Lydia Oudin
Marché Paul Bert
Allée 7, stand 401-403
93400 Saint-Ouen
Tél. : 01 48 74 04 24

► Meubles de métier et beaux objets rétro de la tradition culinaire populaire :

Bachelier
Marché Paul Bert
Allée 1, stand 17
93400 Saint-Ouen

► Petits meubles et objets de décoration :

Objets en transit
Marché Dauphine
Stand 122-123
140, rue des Rosiers
93400 Saint-Ouen
Tél. : 01 40 95 78 88

► Meubles de bureau Strafor, lampes articulées Jieldé, lampes de cinéma, taxidermie, cadrans d'horloges, beaucoup de belles pièces en provenance des États-Unis et de très belles créations maison :

Ghislain antiques
97, rue des Rosiers
93400 Saint-Ouen
Tél. : 01 40 11 06 44
Mail : mail@ghislainantiques.com
www.ghislainantiques.com

► Un ébéniste qui crée sur mesure ou restaure les meubles de métier :

Authentiquité
10, rue du Château
28310 Beaudreville
Tél. : 02 37 99 58 58
www.authentiquite.com

► La Belgique of course ! Deux arrivages hebdomadaires, un grand choix de mobilier, luminaires et d'objets décoratifs de style industriel en provenance de l'Europe entière :

L'Entrepôt de K. Loan
537, chaussée de Boondael
1050 Ixelles
Belgique
Tél. : +32 02 512 12 99
www.kloan.be

► Meubles patinés et industriels, éléments d'architecture pour maison et loft et une très jolie sélection d'objets design complémentaires :

Ant-art-iques
43, route de Cassel
59 Steenvoorde
Belgique
Tél. : + 32 06 84 60 22 36
www.ant-art-iques.com

► Revenons en France ! Un entrepôt fameux pour dénicher meubles de métier et objets de curiosité :

Troc broc 49
122, rue Gauthiot-Lamy
49400 Saumur
Tél. : 02 41 50 00 72

► Une petite brocante spécialisée dans les meubles industriels, fin XIXe et début XXe :

Mélanges d'idées
Route de Cormeilles
14130 Bonneville-la-Louvet
Tél. : 06 20 89 14 58
www.mi.fr

► Sous une verrière monumentale, une très vaste brocante dédiée en majeure partie aux meubles de métier et au mobilier industriel :

La Serre
Route de Cormeilles
14130 Bonneville-la-Louvet
Tél. : 02 31 64 03 21

► Une brocante classique pour trouver des accessoires rétro, plaques émaillées, pompes à essence, présentoirs publicitaires :

Déco Antiq
10 bis, route de Montargis
77460 Soupes-sur-Loing
Tél. : 01 64 29 85 27
www.decoantiq.com

► Une jolie brocante installée dans une ancienne mercerie de village près de Deauville :

ABALONE
15, Grande-rue
61230 Gacé
Tél. : 02 33 39 00 58

► Belles trouvailles mises en scène par un antiquaire qui collectionne les bizarreries :

Vue de l'intérieur
RN138
37390 Charentilly
Tél. : 02 47 40 97 16

► Des luminaires insolites et de la récup' industrielle :

Hcg créations
3, rue Campane
84000 Avignon
Tél. : 06 14 89 17 11
http://monsite.wanadoo.fr/HCG

► Luminaires de cinéma et récup' industrielle :

Bernard Mouiren
Village des Antiquaires de la gare
84800 L'Isle-sur-la-Sorgue
Tél. : 06 11 12 19 21

► Brocante aéronautique, hélices, phares, pompes et objets détournés :

Aérogare
Village des Antiquaires de la gare
84800 L'Isle-sur-la-Sorgue
Tél. : 04 90 62 06 56

► Luminaires étonnants et brocante industrielle :

Antiquités Puechlong
Village des Antiquaires de la gare
84800 L'Isle-sur-la-Sorgue
Tél. : 06 15 36 35 54

► Meubles de métier, curiosités, planches anatomiques, animaux empaillés et une très belle sélection de tissus anciens :

La Maison Fassier
21, rue Sainte-Croix
61400 Mortagne-au-Perche
Tél. : 02 33 83 75 11
www.lamaisonfassier.com

► Mobilier design et industriel des années 1950 à 1970 :

La Galerie Design Industrie
9, rue de la Pelisserie
30700 Uzès
Tél. : 06 24 15 03 78
Mail : design.positive@yahoo.fr
lagalerie-uzes.com

► Publicités anciennes, curiosités et mobilier industriel :

La Broc à Yéyé
2 bis, avenue de l'Égalité
84800 L'Isle-sur-la-Sorgue
Tél. : 06 76 04 18 83

► Créations de mobilier original à partir de matériaux de récupération et brocante industrielle :

Créantik
820, route de Mallemort
84380 Mazan
Tél. : 06 07 04 97 90
Mail : ucgraffin@yahoo.fr

► Quatre adresses incontournables pour dénicher les indémodables pièces de mobilier design vintage :

XXO
78, rue de la Fraternité
93230 Romainville
Tél. : 01 48 18 08 88
Mail : contact.societe@xxo.com
www.xxo.com

Pages 50/70
15, rue Yvonne Le Tac
75018 Paris
Tél. : 01 42 52 48 59

50 Soixante 70
26, boulevard Jules-Ferry
75011 Paris
Tél. : 06 71 62 60 88

Rétro Design
155, rue Beauvoisine
76000 Rouen
Tél. : 02 35 88 64 28
Mail : retrodesign@wanadoo.fr
www.retrodesign.fr

► Objets du quotidien rassemblés dans une charmante brocante rétro :

L'Araignée au plafond
77, rue de Ménilmontant
75020 Paris
Tél. : 01 47 97 41 49

► Une adresse de choix pour le mobilier du XXe siècle et le design scandinave :

Antiquités et design
35, rue Damrémont
75018 Paris
Tél. : 01 42 51 51 42

► Beaucoup d'objets d'artisans, meubles de métier, objets de curiosités dans une ambiance canaille au bord du canal :

Loulou les Âmes Art
104, quai de Jemmapes
75010 Paris
Tél. : 01 42 00 91 39

► Une palette de couleurs fifties pour des objets restaurés tout en douceur et féminité :

Belles et Loup
10, rue de la Grange-aux-Belles
75010 Paris
Tél. : 06 61 44 02 53

► Mobilier de métier, design vintage et objets de curiosités humoristiques dans une boutique qui a du pep :

Fiesta Galerie
45, rue Vieille-du-Temple
75004 Paris
Tél. : 01 42 71 53 34
Mail : fiesta.galerie@free.fr
www.fiesta-galerie.fr

► Plaques émaillées, meubles de métier et de collectivités et beaucoup d'objets d'ateliers utiles et nostalgiques :

Boutique 12
12, rue des Filles-du-Calvaire
75003 Paris
Tél. : 01 42 78 45 71

► Esprit récup' et détournement pour cette sympathique petite brocante qui fourmille d'idées :

Brokatik
2, rue de l'Hôpital-Saint-Louis
75010 Paris
Tél. : 01 42 40 10 34

► Collectif de jeunes designers ludiques et créatifs qui redonnent vie à vos meubles et objets :

5.5 Designer
80, rue du Faubourg-Saint-Denis
75010 Paris
Tél. : 01 48 00 83 50
www.cinqcinqdesigners.com

► Une boutique brocante pour chiner des objets reconvertis et pourquoi pas transformer un objet qui vous est cher :

Recycling
3, rue Neuve-Popincourt
75011 Paris
Tél. : 01 43 57 48 40

► Une mini boutique qui rassemble une multitude d'objets anciens et insolites à détourner, boutons, perles, babioles et types d'imprimerie en bois :

Tombée du camion
17, rue Joseph-de-Maistre
75018 Paris
Tél. : 06 62 07 20 87

► Les objets d'usine s'accordent ici avec une belle sélection de linge et d'accessoires pour la maison :

Les Curieuses
4, rue Oberkampf
75011 Paris
Tél. : 01 47 00 97 65
www.lescurieuses.com

► Objets de créateurs-recycleurs :

Lovely world
7, rue Aquitaine
33990 Hourtin
Tél. : 05 56 03 38 96

► La boutique du musée des Arts Décoratifs où l'on déniche des objets de jeunes designers et une très belle librairie spécialisée :

Le 107
107, rue de Rivoli
75001 Paris
Tél. : 01 42 60 64 94
www.lesartsdecoratifs.fr

► Meubles design nordiques (bureaux de fonctionnaires, banquettes de banque, meubles d'étudiants...), beaucoup de jolies trouvailles à des prix raisonnables :

Design & Things
22, rue du Pont-Neuf
75001 Paris
Tél. : 01 42 33 41 25

► Mobilier et objets d'inspiration industriel et design, luminaires, et des couleurs toniques et inédites pour les meubles Tolix :

Persona grata
38, rue Croix-des-Petits-Champs
75001 Paris
Tél. : 01 42 97 44 44
www.persona-grata.com

► Décoration pointue et rééditions de qualité :

Résonances
Carrousel du Louvre
99, rue de Rivoli
75001 Paris
Tél. : 01 42 97 06 00

► Du chic pour des accessoires d'inspiration ethnique à la beauté intemporelle :

Home autour du monde
8, rue des Francs-Bourgeois
75003 Paris
Tél. : 01 42 77 06 08

► Des objets ludiques mais toujours utiles et souvent avant-gardistes :

La Chaise longue
30, rue Croix-des-Petits-Champs
75001 Paris
Tél. : 01 42 96 32 14
www.lachaiselongue.com

► Mobilier et déco d'inspiration minimaliste zen :

Muji
Liste des magasins sur
www.muji.fr

► Couleurs et matières sobres pour le linge de maison, petit mobilier en béton ciré et suspensions industrielles :

Secret Maison
21, rue Jean-Beausire
75004 Paris
Tél. : 01 42 05 09 09

UNIVERS ENFANT

► Joyeux et pratique, le style industriel est ici décliné pour les enfants par un gang de créatrices inspirées :

Serendipity
17, rue des Quatre-Vents
75006 Paris
Tel : 01 40 46 01 15

► Nostalgie rétro avec les meubles scolaires d'antan et les affiches publicitaires décalées :

Pic Nidouille
22, rue des Écoles
75005 Paris
Tél. : 01 44 07 11 51

ENCORE DE LA DÉCO !

► Parfums d'intérieur et très beaux éléments de décoration design pour mettre en scène un monde végétal naturellement sophistiqué :

Hervé Gambs
9 bis, rue des Blancs-Manteaux
75004 Paris
Tél. : 01 44 59 88 88

► De très beaux tissus ethniques anciens :

La Maison Ottomane
12, avenue Gallieni
92190 Meudon
Tél. : 01 46 26 86 76
www.lamaisonottomane.com

► Très beaux objets ethniques du continent africain ou d'Asie :

Tam Tam
20, rue Yvonne-Le Tac
75018 Paris
Tél. : 01 42 54 54 96
www.cheztamtam.com

► Une très vaste sélection de tissus de tous styles et de la toile à patron en grande largeur :

Le Marché Saint-Pierre
2, rue Charles-Nodier
75018 Paris
Tél. : 01.46.06.92.25
www.marchesaintpierre.com

► Motifs africains, wax et beaucoup d'autres tissus chatoyants :

Toto
5, boulevard Barbès
75018 Paris
Tél. : 01 42 59 63 33
www.toto.fr

► Le spécialiste de la photo murale de très grande dimension :

Alyos Technology
41, rue de Lucerne
68500 Guebwiller
Tél. : 03 89 74 10 75

► Stickers, papiers peints, la petite boutique qui rhabille vos murs :

Walldesign
25, rue de la Forge-Royale
75011 Paris
Tél. : 01 43 48 30 24
www.walldesign.fr

► Des couleurs pour l'intérieur :

Ressource
88, rue Grignan
13001 Marseille
Tél. : 04 91 15 19 09

Mise en teinte
15, boulevard Saint-Germain
75005 Paris
Tél. : 01 46 34 44 58

Cléton
41, rue Saint-Sabin
75011 Paris
Tél. : 01 47 00 10 41

Colorine
6, rue Clamart
92100 Boulogne-Billancourt
Tél. : 01 46 10 42 80
www.colorine.fr

Farrow & Ball
50, rue de l'Université
75007 Paris
Tél. : 01 45 44 47 94
www.farrow-ball.com

► Peintures écologiques à la chaux et tous les produits pour vernir et peindre le métal et le bois en VPC :

Mauler
18, rue de Cherbourg
68260 Kingersheim
Tél. : 03 89 52 21 15
Mail : info@mauler.fr
www.mauler.fr

► Deux sites qui s'inspirent des génies du mouvement Pop Art, comme Warhol ou Lichtenstein, afin de transformer vos portraits en de vraies œuvres d'art uniques imprimées sur toile :

www.picturespop.fr
www.pixel4wall.fr

EXPRIMEZ-VOUS !

► Des passionnés vous mettent le pied à l'étrier pour bien débuter dans la déco recyclage !

Apprenez à recycler vos trouvailles dans ce cours de bricolage très tendance :

Une Maison à Nantes
9, rue de Rieux
44000 Nantes
Tél. : 02 28 27 04 72

► Béton coloré, chaux, ciment, glacis et patines murs ou métaux, effets de matières... Toutes les techniques décoratives sont enseignées aux particuliers comme aux professionnels qui y trouveront aussi une librairie spécialisée sur la couleur :

Okhra conservatoire des ocres et pigments appliqués
Ancienne usine Mathieu
84220 Roussillon-en-Provence
Tél. : 04 90 05 66 69
www.okhra.com

► Initiation, découverte, perfectionnement ou stage professionnel, Francesco Passaniti vous permet de voir les mises en œuvre de ces différents bétons en atelier :

Francesco Passaniti
22, passage Bourdeau
94200 Ivry-sur-Seine
Tél. : 01 46 71 90 88
Mail : infos@compactconcrete.com
www.compactconcrete.com

►Un stage épatant qui vous donne toutes les clefs pour redonner vie aux vieux meubles. On peut facilement reproduire chez soi les techniques apprises dans l'atelier de ce joli mas provençal !

Association Être et faire
Organisme de formation agréé
Mas des Acacias
1380, avenue Eisenhower
84200 Carpentras
Tél. : 04 90 60 25 89
Mail : alain.ossart@orange.fr
www.vieuxbois.surinternet.net

► Résistants, durs et lavables... Apprenez à fabriquer des meubles en carton dans un des nombreux stages dispensés en France ou à l'étranger :

La Compagnie Bleuzen
18, rue de Wattignies
75012 Paris
Tél. : 06 10 29 67 14
Mail : bleuzen@club-internet.fr
www.compagnie-bleuzen.com

► Stimulez votre créativité artistique avec ces ateliers où l'on apprend à revaloriser et à recycler de nombreuses matières qui prennent généralement le chemin de nos poubelles.

Art gens
7, rue Bodin
69001 Lyon
Tél. : 09 51 73 09 30
www.artgens.net

LIRE ET SE DOCUMENTER

► Une enquête sur le phénomène des friches artistiques redonnant vie à des lieux industriels désaffectés : *Art en friche* de Marie Vanhamme et Patrice Loubon, Éditions Alternatives.

► Des blogs et sites à visiter pour multiplier les bonnes d'idées ! Pierre Bertheau réhabilite depuis trente ans des usines désaffectées pour en faire des ateliers logements spacieux dans le respect de la fonction d'origine :

www.lesusinesbertheau.com

► Le blog de la réhabilitation d'usine : recherche, achat, inspiration, travaux, aménagement, décoration :

www.notreloft.com
http://milofts59.blogspot.com

AMBIANCES INDUSTRIELLES

► Quelques adresses parmi d'autres où se détendre dans un décor d'inspiration industrielle :

Hadji est un coiffeur passionné d'indus et fait aussi de la brocante !

Récup'hair
101, rue de Charonne
75011 Paris
Tél. : 01 43 70 02 00

► Bière, vin, musique, wifi, concerts, œnologie, grignotage... Un petit café populaire mais confidentiel, meublé récup indus rétro :

Le Carbone 14
6, rue Émile-Lepeu
75011 Paris
Tél. : 01 46.59.04.28
www.lecarbone14.fr

► Dans le jus du bâtiment classé de l'ancienne gare de Charonne (1867 - 1934), un café-concert avec verrière et vue imprenable sur l'ancienne voie de chemin de fer :

La Flèche d'Or
102 bis, rue de Bagnolet
75020 Paris
Tél. : 01 44 64 01 02
www.flechedor.fr

► Concerts et résidences d'artistes dans un ancien magasin de matériaux de construction Point P sur le canal Saint-Martin.

Le Point Éphémère
190-206, quai de Valmy
75010 Paris
Tél. : 01 40 34 02 48
www.pointephemere.org

► Les anciens abattoirs de Calais ont été reconvertis en un lieu culturel époustouflant :

Le Channel
Scène nationale
173, boulevard Gambetta
62100 Calais
Tél. : 03 21 46 77 10
Mail : lechannel@lechannel.org
www.lechannel.org

LIENS UTILES :

► Les sites indispensables du chineur averti :

vide-greniers.org/
www.sabradou.com
www.ebay.fr/
www.emmaus-france.org

LEXIQUE

B

Badigeon : peinture à la chaux diluée. La quantité d'eau détermine son opacité.

Bakélite : se prononce aussi anhydrure de polyoxybenzylméthylèneglycol ! Premier matériau plastique entièrement synthétique inventé par Leo Baekeland en 1907. Cette résine polymère thermodurcissable sera très vite utilisée pour fabriquer des objets usuels, des bijoux et des boîtiers de radio et de téléphone.

Béton : mélange de ciment (argile et chaux), de granulats (sable et graviers), d'eau et d'additifs permettant de modifier à loisir ses propriétés (adjuvants). C'est le choix et les proportions de ces composants qui déterminent ses qualités techniques.

C

Chauler : peindre à la chaux épaisse.

Corian® : résistant et réparable, élégant et sensuel, c'est le plastique luxueux par excellence. Mobilier contemporain, luminaires, agencements, vasques de salle de bains ou plans de cuisine, les designers en sont fous ! Son prix reste élevé, mais la forte demande actuelle devrait prochainement permettre sa démocratisation…

G

Galvaniser, nickeler ou chromer : protéger un métal par une fine couche de zinc, de nickel ou de chrome.

Gratter : mettre à nu un mur de pierres ou de briques.

Grenaillage : technique de décapage ou de nettoyage d'une surface par projection de grenaille à grande vitesse.

L

Lumière tubulaire : technique novatrice et très écologique permettant de rediriger la lumière naturelle sur plus de six mètres de profondeur à l'intérieur des habitations. Grâce à des puits réflecteurs aménagés dans la toiture, la lumière du soleil est redistribuée presque intégralement dans les zones les plus sombres de la maison.

O

Objet de maîtrise : réplique à petite échelle d'un objet destiné à démontrer les techniques et le savoir-faire d'un artisan.

P

Polycarbonate : plastique très solide et deux fois moins lourd que le verre bénéficiant d'une excellente isolation thermique. Léger et maniable, voici un matériau formidable qui se prête à de nombreuses applications dans la maison : portes coulissantes, cloisons, garde-corps, mobilier, luminaires, pare-douche, crédence de lavabo, tête de lit… Costaudes, translucides et surtout impromptues, les palissades de chantiers se détournent facilement en cloisons ou en crédences !

S

Serrurier : artisan qui réalise des ouvrages en métal (huisserie, escalier, garde-corps…) sur mesure.

TABLE DES MATIÈRES

REMERCIEMENTS

Julie Guehria, Cédric Gidoin, Jean-Pascal Levy Trumet, Olivier et Françoise Desmettre, Valérie Escanez-Guitton, Antoine Vidaling, Ghislain Antiques, Catherine Talamoni, Jérôme Lepert, Julien Bassouls, Philippe Harden, Cristina Zonca, Frédéric Daniel, Karine Herz, Vladimir Doray, Alba Pezone, Caroline Giraud, Stéphane Quatresous, Hadji et le salon de coiffure Récup'Hair, Jérôme Delor et la boutique Abalone, Gérard Szenik et la marque Sensei pour le linge de bain.

L'auteur remercie tout particulièrement Maurice Rodrigues, Guillaume et Gasby Dubois, Marie Delas de Céladon éditions et Agnès Busière.
La photographe remercie Agnès Busière, Marie Delas et les propriétaires qui nous ont accueillies.
Enfin, merci à Solange pour ses dessins, à Rémi pour son efficacité, à Chloé pour la touche finale.

MENTIONS PARTICULIÈRES

Archéologie industrielle, Jérôme Lepert. Pages 4, 42, 45, 50, 52, 55.

ZUT ! Frédéric Daniel Antiquités. Pages 27, 56.

Ghislain Antiques. Pages 2 (de gauche à droite et de haut en bas : 4e photo), 9, 43, 48, 49 (droite), 57 (bas).

Atelier 154. Pages 2 (de gauche à droite et de haut en bas : 5e photo), 19, 25, 37, 40 (gauche), 53 (bas à gauche), 57 (haut).

Boutique Carouche. Pages 46, 47, 54.

Fabrice Ausset et Virginie Leclerc (Architectes ZOEVOX). Pages 2 (de gauche à droite et de haut en bas : 6e photo), 7, 20 (gauche), 23 (haut), 31 (haut), 32, 39, 51, 64 (haut).

Karine Herz (réhabilitation). Pages 2 (de gauche à droite et de haut en bas : 1ère photo), 21 (bas), 22, 24, 60.

Vladimir Doray (architecte). Pages 2 (de gauche à droite et de haut en bas : 3e photo), 10, 62 (haut), 68.

Philippe Harden (architecte). Pages 66 (gauche).

Jean-Pascal Levy Trumet (décoration) et Isabelle Stanislas (architecte). Pages 8, 9 (haut), 14 (bas), 16, 31 (bas), 33, 69 (haut droite), 70 (gauche).

Cristina Zonca (réhabilitation). Pages 17, 30, 36 (gauche), 71.

Anne-Cécile Comar et Stéphane Pertusier (Architectes Atelier du Pont). Pages 6, 11, 13, 15, 26, 61, 63, 66 (droite).

Noëlle Merlet (architecte). Pages 2 (de gauche à droite et de haut en bas : 7e photo), 14 (haut), 18, 20 (droite), 29, 41, 69 (bas).

Valérie Escanez-Guitton. Pages 53 (droite), 62 (bas), 67 (haut), 69 (haut gauche).

Création Michel Gabillon (tabourets en métal). Page 21 (haut).

Linge de bain Sensei. Pages 13, 31 (haut), 69 (bas).

Cuisines Arclinea. Page 65.

Direction éditoriale : Christophe Savouré
Édition : Agnès Busière
Suivi éditorial : Céladon éditions
Direction de création : Laurent Quellet
Direction artistique et conception graphique : Chloé Eve
Photographies : www.kim-cuc.com
Illustrations : Solange de Dianous
Mise en pages : Rémi Lelièvre
Fabrication : Thierry Dubus

Photogravure : Alliage
Achevé d'imprimer en août 2008 sur les presses
de l'imprimerie Graficas Estella (Espagne)
n° d'édition : 94055
Dépôt légal : septembre 2008
ISBN : 978-2-215-09541-5